اختلاس مليارات الخليج
العائدة للجيش الفرنسيّ

LES MILLIARDS
DISPARUS
DE LA DIVSION DAGUET

جان شارل ديبوك

ترجمة

موريس صليبا

الطبعة الرابعة
15 أغسطس 2016

أين اختفت المليارات التي دفعتها دول الخليج إلى فرنسا بعد تحرير الكويت كتعويضات ومكافآت إلى الجيش الفرنسي؟

"جان شارل دوبوك"
طيّار سابق في شركة الخطوط الجويّة الفرنسيّة

يبحث ويناضل منذ أكثر من عشرين سنة لكشف خفايا هذه الفضيحة

الفهرس

تمهيد

في 29 يناير من العام 1997، وقرابة الساعة الثانية صباحا كنّا نحلّق فوق "جزر الوشيان" (Aleutian Island) في شمال شرق المحيط الهادئ على ارتفاع 33000 قدم وبسرعة تبلغ 530 عقدة بالساعة. حولنا كانت السماء متألقة بنجومها وكواكبها، والحرارة الخارجية لا تقلّ عن 60 درجة مئويّة تحت الصفر.

كانت رحلتنا متوجّهة إلى "فاربنكس" (Fairbanks)، أهم مدينة في وسط "ألاسكا"، حيث استبدل طاقم الطائرة قبل متابعة رحلتها إلى باريس.

أقلعت تلك الطائرة التابعة لشركة "آر فرانس"، رقم B747200 كاركو F-BPVV، من مطار "طوكيو هانادا" (Tokyo Haneda) في تمام الساعة العاشرة مساء بالتوقيت المحلّي، ووصلت إلى باريس بعد سبع ساعات وسبع دقائق من الطيران.

كان وزنها عند الإقلاع 350 طنّا، إضافة إلى تسعين طنّا من البضاعة شحنت على متنها. أما طاقم الطائرة فكان يتألّف من ثلاثة مهنسين تقنيّين وقائد الطائرة الرئيسيّ وضابط طيران وميكانيكي.

لم أنثنِ إطلاقا عن التحليق في الفضاء على متن طائرات جويّة ذات شهرة تكنولوجيّة متفوّقة. وكم من مرّة تسنّت لنا الفرصة لمشاهدة النجم المذنّب الرائع "هال-بوب" (Hale-Bopp) الذي يبسط

ذنبه الطويل متربّعا فى وسط النجوم، فترتسم أمامنا مشاهد فريدة الروعة والجمال.

كم من مرّة سمحت لنا ظروف العمل برؤية أجمل النجوم المذنّبة في أوضاع مميّزة للغاية، في ظلّ سماء صافية، وعن ارتفاع قياسي، أو من مكان بعيد جدّا عن خط الإستواء، بالقرب من الدائرة القطبيّة من حيث تسهل لنا عمليّا مشاهدة "سمت الرأس" (le zénith).

إنّها ذكريات لا تمحى من الذاكرة ما زالت تخضّب شوقنا إليها في زمن الشيخوخة.

غير أنّني لم أكن أدري في ذلك الوقت، وبعد مرور أكثر من عشرين سنة من الطيران حول العالم، أنّ المستقبل سيقودني إلى نشاط لم أحلم به قط، سيدفعني إلى الإهتمام والنضال ضد الفساد الذي ينخر بنى ومؤسسات بلدي الحبيب فرنسا.

الفصل الأول

إختفاء غامض لتعويضات حرب الخليج عام 1991

أكتوبر (تشرين الأول) عام 2006

منذ ثمانية أعوام توقّفت قسرا عن العمل وتقاعدت قبل السنّ القانونيّ بسبب مرض الأرق الذي أثّر كثيرا في صحتي كنتيجة للطيران في فلك الكرة الأرضية من الغرب إلى الشرق خلال سنوات عديدة، إضافة إلى عامل فارق الوقت الذي أسهم كثيرا في بروز هذا الداء.

غالبا ما توصف مهنة الطيّار بالروعة الفائقة، غير أن انعكاسات وجهها الآخر مؤلمة للغاية. فعامل الإجهاد قاس جدّا ومثير لاضطرابات في نمط حياة من يمارس هذه المهنة، إذ تضطرب حركة الإنتظام البيولوجي في جسم الإنسان.

هذه الظاهرة ليست جديدة، بل معروفة وتصيب معظم الفئات العاملة في الملاحة الجويّة، كالطيّارين، والميكانيكيّين، والمضيفين، والمضيفات، وكذلك أيضا الأشخاص الذين يسافرون كثيرا بحكم عملهم.

هذه هي إحدى العوامل التي دفعت بعلم الطّب المتخصّص بالملاحة الجويّة إلى تركيز الإهتمام على صحّة الطيّارين المسؤولين عن سلامة الطيران. لذلك وجدت نفسي مضطرّا إلى التوقّف عن العمل في عمر يمارس فيه الآخرون أهمّ وأفضل مرحلة من حياتهم المهنيّة.

بعد فترة من الراحة واستعادة العافية، كرّست نشاطي واهتمامي لتنمية

مشروع تكوين الشباب في مجال الملاحة البحريّة على متن مراكب شراعيّة معدّة خصّيصا للتدريب.

كنت قد أطلقت سابقا في شهر أكتوبر 1993 مختبرا للأفكار، أي جمعيّة عرفت باسم "سفن النورماندي الشراعيّة السريعة" (Les Clippers de Normandie). ثمّ استبدل إسمها وأصبح "سفن فرنسا الشراعيّة السريعة" (Les Clippers de France). وقد شارك في تعزيزها آنذاك أكثر من ثلاثين أميرالا بحريّا وشخصيّات عاملة في مجال الملاحة البحريّة.

كانت تصبو تلك الجمعية إلى تحقيق أمرين أساسيّين:

- أوّلا، المشاركة، إنطلاقا من دورات تدريبية تتنظّم للمراهقين والراشدين على متن سفن شراعيّة كبيرة، فيؤمّن لهم التدريب وممارسة الملاحة الشراعيّة واكتشاف عالم البحار، سعيا إلى تسهيل انخراطهم في حقل العمل.

- ثانيا، البحث عن سبل التعاون بين القطاعين العام والخاصّ لتمويل هذه السفن الشراعيّة واستثمارها.[1]

في عام 1996، تخلّيت عن رئاسة الجمعيّة لصالح الأميرال "شارل-هنري ماشات" (Charles-Henri Méchet)، الذي كان سابقا محافظا للقطاع البحريّ في منطقتي "المانش" و"البحر الشمالي". فأوكلت إليه مهمّة إقناع المسؤولين السياسيّين بضرورة بناء سفن شراعيّة لتدريب المراهقين والشباب.

وللأسف، باءت كلّ محاولاته بالفشل، لأن أهل السياسة عندنا لا يكترثون إطلاقا بهكذا مشاريع، يتستّرون دائما بذريعة كلفتها الباهظة. وهذا ما يعزّز قناعتي بأنّ لا همّ لـ"حكّامنا" إلاّ "ملء جيوبهم"، وهو أمر أسهل وأفضل لهم من أيجاد حلول توفّر تدريبا مهنيّا وإنسانيّا لشبيبتنا يقوم على اكتشاف الحريّة وتحمّل المسؤوليّة وكسب المهارة في السيطرة على المخاطر وتجنّب وقوعها.

بعد عدّة سنوات من النضال، ترسّخ لدي هذا الإقتناع أنّ لا مصلحة إطلاقا للسياسيّين من تنفيذ هكذا مشروع. فلديهم أمور أكثر ضرورة وإلحاحا تقوم على

---

[1] يستطيع القارئ الإطلاع على هذا المشروع ذي الطموحات والآفاق الأوروبيّة، في تقارير ودراسات على موقع Euroclippers

تكديس الثروات الخاصّة.

لذلك، عندما علمت أنّ "فرانسوا ميتران" (François Mitterand) اختلس تعويضات حرب الخليج عام 1991 التي دفعتها الدول الخليج لفرنسا، طفح الكيل ولم يعد بوسعي السكوت عن هكذا فضائح، إذ تجاوز غياب المسؤولية ومستوى السفالة كل الحدود. عندئذ قرّرت المباشرة عمليّا بفضحها والتصدّي لها بصورة شرعيّة، بعكس حكّامنا الذين يعتبرون أنفسهم بمنأى عن كل قانون.

وهكذا، بحكم مهنتي وأنشطتي المتعدّدة، تسنّى لي الإطلاع على ملفّات ساخنة، إن لم نقل، مفجّرة للفضائح.

في أواخر نوفمبر عام 1997، وخلال توقّفي غالبا في بعض مدن الشرق الأوسط، حصلت على معلومات إضافيّة تفيد بأنّ رئيس الجمهوريّة الفرنسيّة السابق "فرانسوا ميتران" هو الذي اختلس أموال كلفة مشاركة الجيش الفرنسي في حرب الكويت عام 1991.

في بداية شهر ديسمبر من العام 1998، وخلال غداء في نادي اليخوت الفرنسي مع ضابط كبير في الجيش الجويّ برفقة إختصاصيّين في محرّكات الدفع الحديثة، تأكّدت أثناء المناقشات التي تعرّضنا لها، إلى صحّة اختلاس تلك الأموال، التي كانت قيادة أركان الجيش على علم بها.

بالرغم من ذلك، أجريت تحقيقا إضافيا لدى المسؤولين الكبار في حزب "التجمّع من أجل الجمهوريّة" (RPR)، وهو حزب سياسيّ كنت أنتمي إليه، فتمّ التأكيد بشكل نهائي على حدوث عملية الإختلاس.

في شهر يناير 1998 وبدعم من شخصيّات وهيئات مختلفة، توجّهت إلى "مفرزة المراقبة والمباحث" (Brigade de Contrôle et de Recherche, BCR) في مدينة "لو هافر" (Le Havre)، التابعة لـ"المديريّة الوطنيّة للتحقيقات الضريبيّة" (Direction Nationale des Enquêtes Fiscales, DNEF) وأطلعتهم على عملية إختلاس المال العام هذه. فاستنادا إلى المعلومات التي كانت متوفّرة لديّ، تجاوزت كميّة الأموال المختلسة أكثر من مليار دولار أميركيّ. أمّا في الواقع، فكانت تلك الكميّة أكثر من ذلك بكثير.

في تلك السنة بالذات، توجّهت بكتاب رسميّ إلى وزير المال الفرنسيّ للسؤال عن مجريات عمليّة التحقيق الضريبي التي أطلقت حول هذه الفضيحة،

ولكنّي لم أحظ بأيّ جواب من الهيئات المعنيّة. لذا أضطررت إلى الكشف عنها ونشرها على موقع (Euroclippers) (1) تحت عنوان "الإشتراكيّة والفساد" (Socialisme et corruption)، وذلك في رسالة موجّهة إلى السيد "تياري بريتون" (Thierry Breton)، وزير الإقتصاد والمال والصناعة آنذاك، وذلك في شهر أبريل 2006.

الفصل الثاني

رسالة موجّهة إلى "تياري بريتون"

هذا مقتطف من الرسالة التي وجّهتها في العشرين من أبريل 2006 إلى السيد "تياري بريتون"، غداة تعيينه وزيرا للإقتصاد والمال والصناعة. عرضت فيها الحملة التي قمت بها حتّى الآن، دون حذف أو إضافة شيء إليها بعد ثماني سنوات من كتابتها لأوّل مرّة، باستثناء الإشارة إلى المادة 34 من القانون رقم 1117-2013 الصادر في تاريخ السادس من ديسمبر 2013، والمعنونة: **"أحكام تدعم ملاحقة وقمع المخالفات في مجال ارتكاب جنح إقتصاديّة وماليّة وضريبيّة"**

(Dispositions renforçant la poursuite et la répression des infractions en matière de délinquance économique, financière et fiscale)

و قد صادق عليها المجلس الدستوري في القرار رقم 2013-679 DC في 2013/12/4. وتكمن أهميّة هذه المادّة بالذات في كونها تشرّع "الإنذار الأخلاقي" بين المواطنين، وتحول بالتالي دون إبطال مبادرتي أو إبعادها عن هدفها.

وهكذا يعطي هذا القرار شرعيّة قانونيّة لكل مواطن، تسمح له بالتبليغ عن الجنح والوشاية عن كلّ ما يصدر عن نظام توتاليتاري لا بدّ من الإبتعاد عنه ومحاربة كل ما يفرضه على المواطنين بشكل متعسّف.

وبالرغم من كلّ ذلك، تأكدت من استلام السيّد الوزير لهذه الرسالة، بعكس كل الرسائل الأخرى التي كنت قد بعثتها سابقا إلى الوزراء "دومينيك ستراوس-كاهن" (8 جوان 1998) و"كريستين لاغارد" (20 جوان 2008) والمنشورتين

على موقع Alerte éthique (2).

السيّد الوزير

تشير برقيّة وزعتها وكالة الأنباء الفرنسيّة بتاريخ الرابع من أبريل 2006 إلى ما يلي:

"أخذت منظمة التعاون والتنمية الإقتصاديّة علما بالتقدّم الذي حقّقته فرنسا منذ عامين في محاربة الفساد لدي موظفي القطاع العام في مجال المعاملات الدوليّة، استنادا إلى التقرير المنشور يوم الثلثاء والذي رحّبت به الحكومة الفرنسيّة (...) وهذه النتيجة هي خلاصة طبيعيّة للإلتزام القويّ من قبل السلطات العامّة في محاربة الفساد، كما ذكرت مصادر وزارة المال والإقتصاد..."

إسمحوا لي، سيّدي الوزير، أن أهنئكم وأهنئ جميع الموظفين العاملين معكم، نظرا لهذا التقييم الإيجابيّ من قبل منظمة التعاون والتنمية الإقتصاديّة، لنشاط وزارتكم الملتزم في محاربة الفساد، الذي يشكّل، كما يعرف القاصي والداني، أحد عوامل نمو الظلاميّة وفقدان العدالة في العالم، والذي يؤدي بالتالي إلى تكاثر الأعمال الإرهابيّة.

إن الخطر الإرهابيّ ليس حكرا على المتعصّبين دينيّا، مثل منظمة القاعدة. ولكنّه قد ينمو أيضا داخل مجتمعاتنا الديموقراطيّة كردّة فعل على فساد الطبقة السياسيّة.

وتعزيزا لهذا الكلام، أعطيكم مثالا حول الرابط الممكن بين ما يبدو الإختلاس الهامّ جدّا للمال العام، وهو تعويضات حرب الخليج العائدة لفرنسا، ومجموعة "أزف" (AZF) السريّة التي هدّدت شبكة السكّة الحديديّة في بداية العام 2004.

لا بدّ من التعامل مع هذا الأمر بكثير من الحرص والتحقظ بسبب المعطيات غير المؤكّدة المتوفرة بين الملقين.

فنظرا إلى الإفتراضات التي طرحتها وخطورة الإنعكاسات التي من

المحتمل بروزها مع قضية مجموعة "أزف"، أرسلت نسخة من هذه الرسالة إلى السيّد "نيقولا ساركوزي"، وزير الدولة ووزير الداخليّة، وكذلك إلى السيّدة "ميشال أليوت-ماري"، وزيرة الدفاع.

بعدما أعلمت سابقا دوائر وزارتكم، أرى من واجبي ايضا مواصلة العمل والتحرّك من جديد كي تتطلّعوا على الوثائق المتعلّقة بعمليّة اختلاس الأموال العامّة المشار إليها.

بدأت العمليّة عندما أطلعني مخبر (مكتوم الإسم) على هذه القضيّة في شهر نوفمبر عام 1997، مؤكّدا لي أنّ تعويضات حرب الخليج العائدة لفرنسا إختلسها "فرانسوا ميتران"، رئيس الجمهوريّة سابقا. آنذاك كنت طيّارا في شركة الخطوط الجويّة الفرنسيّة أقود غالبا طائرة B747 كارغو إلى دُبَيّ وأبو دَبي والدوحة.

أذكّركم بالتعويضات التي دفعت مقابل الكلفة العسكريّة في ما عرف بـ "عاصفة الصحراء". فقد تسلّمت الولايات المتحدة من الكويت 13،5 مليار دولار، والمملكة المتّحدة 1،4 مليار دولار، وتركيّا 1،4 مليار دولار، ومصر 970 مليون دولار، والزايير 20 مليون دولار. وهناك 6،89 مليار دولار دفعت "كأكلاف غير عاديّة وللأمور الطارئة. وقد ذكرت الصحافة آنذاك أنّ دولة الإمارات العربيّة المتّحدة دفعت لفرنسا أكثر من مليار دولار (Courrier International, 29.11.1998).

بعد مرحلة من التشكيك بهذا الأمر، تمكّنت من الحصول على تأكيد قاطع له من أعلى المستويات في قيادة أركان الجيش الفرنسيّ.

كذلك توفّرت لديّ، بحكم نشاطي المهني والجمعيّاتي، إمكانيّة الإتّصال بكبار المسؤولين في البحريّة الفرنسيّة وفي قيادة أركان سلاح الجوّ الفرنسيّ.

في بداية شهر يناير 1998، حصلت على تأكيد إضافيّ حول عمليّة الإختلاس هذه من قبل "حزب التجمّع من أجل الديموقراطيّة" الذي كنت عضوا فيه.

إنّ كبار الضبّاط وقيادات الحزب ذهلوا جدّا من تلك الفضيحة. فإذا كانت

كميّة المال المختلس بهذه الضخامة، فلا يمكن التغاضي ولا السكوت عن هكذا جريمة أخلاقيّة، علما أن هذه الأموال مرتبطة بدماء جنودنا ومن المفترض ان نعتبرها مقدّسة.

فاستنادا إلى الثوابت المؤكدة لعمليّة اختلاس الأموال، قررت، مع شخص آخر، السيّد X التنديد بها وإبلاغ وزارة المال، وبالتالي إطلاق ما يسمّى الآن بعمليّة "الإنذار الأخلاقيّ".

في ذلك الوقت لم يكن متوفرا نظام فعّال يعرف بـ "الإنذار الأخلاقي" الهادف إلى مكافحة الفساد أو الجنح غير الشرعيّة داخل المؤسسات أو الشركات الكبيرة. ولكنّه أخذ مؤخرا بعدا مشجّعا يمكن الإعتماد عليه.

في الولايات المتحدة وبعد إفلاس شركة "آنرون" (Enron)، أنشأت الحكومة عام 2002 بموازاة القانون المعروف باسم "سربانس-اوكسلي" (Serbanes-Oxley) نظام مراقبة على المسؤولين عن إدارة الشركات الكبيرة والمعروف بكلمة "ويستلبلوينغ" (Whistelblowing). بدأ تطبيق هذا النظام تدريجيّا على المستوى العالمي، إذ يسمح للعمّال والموظفين بإبلاغ العدالة عن التصرّفات غير الشرعيّة داخل المؤسسات أو الشركات التي يعملون فيها.

ولكن لا يجوز الخلط بين نظام الإنذار هذا وما يسمّى بالوشاية التي تعتبر وسيلة رئيسيّة في الأنظمة التوتاليتاريّة، اليمينيّة أو اليساريّة، والتي تسمح بمراقبة المواطنين الذين يرفضون الإعتراف بالقوانين السارية المفعول، خاصّة تلك الهادفة إلى توطيد عبادة الأشخاص، كما كان الحال مع هتلر وستالين وماو وغيرهم...

<u>الإنذار الأخلاقي هو نقيض الوشاية</u>

الإنذار أو التحذير الأخلاقيّ يسمح للفرد بمراقبة المسؤول عن شركة أو مؤسسة خاصّة أو عامّة كالدولة مثلا. كذلك يسمح من خلال مراقبة المسؤولين بالإسهام في حسن سير العمل الديمقراطي وإدارة سليمة للشركات. غير أنّ الغاية الحقيقيّة من النظام الديمقراطي تقضي بإعطاء المواطن أو العامل أو الموظف، إمكانية اختيار مسؤول يفكّر ويقرّر لصالحه.

إذا كان نظام الإنذار الأخلاقي قد طبّق تدريجيّا في المؤسسات والشركات الصناعية أو التجاريّة، فليس هناك نظام مماثل بعد بالنسبة للدول والحكومات التي هي ايضا معرّضة للخطأ والإنحراف كالشركات المتعدّدة الجنسيّات.

في هذا الإطار أودّ أن أشير في موضوع الإنذار الأخلاقي إلى أمرين مهمّين:

- "إذا كانت هذه الممارسة قد فرضت نفسها كضرورة ملحّة لتأمين سير العمل والإدارة في الشركات الكبرى، فلماذا لا ينطبق هذا الأمر أيضا على الدول ومؤسساتها العامّة؟"
- "ألا ينبغي علينا مراقبة المسؤولين السياسيّين بنفس الطريقة كرؤساء الشركات من خلال الإنذار الأخلاقي، بأجر أو بدون أجر، وذلك تجنّبا لحدوث إختلاسات في المال العامّ، سواء في فرنسا أو في أوروبا، كما في أي دولة من دول العالم، وفي أي قارّة من الكرة الأرضيّة؟"

شكّل هذان السؤالان أساسا عمليّا حول المساءلة عن <u>إختلاس فرانسوا ميتران تعويضات حرب الخليج عام1991 العائدة للجيش الفرنسيّ.</u>

بعد الحصول على المعلومات المتعلقة بهذه القضية، حصلت على تأييد قويّ من قبل شخصيّات مختلفة بهدف الوصول إلى كشف القناع عنها. إذ كشف التحقيق الأوّل عن مدى سوؤ العمل في كيفيّة معالجة الأمور من قبل وزارتكم.

لذلك، أخذنا سريعا موعدا في التاسع عشر من شهر يناير 1998 مع "مفرزة المراقبة والمباحث" (Brigade de Contrôle et de Recherche, BCR)، التابعة لـ"المديريّة الوطنيّة للتحقيقات الضريبيّة" (Direction Nationale des Enquêtes Fiscales, DNEF) في مدينة "لو هافر" (Le Havre)

رافقني السيد X الذي لا يرغب بالكشف عن إسمه وأبلغنا وزارة المال عن اختلاس الأموال، التي تتجاوز قيمتها أكثر من مليار دولار.

سجّل المعلومات المفتّش P.A. والمراقب B.B في "مفرزة التدخّل بين المناطق" في مدينة "ليل" (Lille) والتابعة لـ"المديريّة الوطنيّة للتحقيقات الضريبيّة" وبحضور السيّدان P.C. و M.M.، المراقبان الرئيسيّان في "مفرزة المراقبة والمباحث" في مدينة "لو هافر".

قبل ذلك، أبلغت بشكل أوليّ وزارة العدل والصحافة عبر رسالة موقعة باسم مستعار "الكابتن هادوك" (Capitaine Haddock)، وفيها أوضحت وكشفت عن مغامرات "الفرعون الكبير ميتراندبات" (Grand Pharaon Mitterandpeth) الذي اختلس تعويضات حرب الخليج.

وقد لاقت هذه الرسالة صدى عارما لدى "النقابة الوطنيّة لطيّاري الخطوط الجويّة" (Syndicat National des Pilotes de Ligne, SNPL) إذ تمّ تناقل الخبر سريعا داخل مقصورات القيادة.

هذا وقد طالبت مرارا من وزارتكم، عبر رسائل مضمونة ومسجّلة، معرفة نتائج التحقيقات حول المعلومات التي قدّمناها ووضعناها في تصرّفها.

فيما يلي بيان بالرسائل التي تمّ توجيهها إلى الهيئات التالية مع تاريخ إرسالها:

1. في 22 فبراير 1998 كتاب إلى "مفرزة المراقبة والمباحث" في "لو هافر".

2. في 2 يونيو 1998 كتاب إلى السيّد "جان-باسكال بوفرات" (Jean-Pascal Beaufret) المدير العام لمديريّة الضرائب. أرسل الكتاب في اليوم الأوّل من إضراب طيّاريّ شركة الطيران الفرنسيّة، خلال مونديال كرة القدم. آنذاك كنت على اتّصال مستمرّ مع "النقابة الوطنيّة لطيّاري الخطوط الجويّة"، وكان معظمهم زملاء من نفس الدورة.

3. في 8 يونيو 1998 كتاب إلى السيّد "دومينيك ستراوس-كاهن" (Dominique Strauss-Kahn)، وزير الإقتصاد والمال والصناعة آنذاك. أرسلت نسخة من هذا الكتاب في اليوم الأوّل من الأسبوع الثاني لإضراب الطيّارين بواسطة الفاكس إلى عدد كبير من الصحف. في ذلك الحين جرى التلويح مسبقا

مع السيّد "جان-شارل كوربات" (Jean-Charles Corbet) رئيس مكتب شركة الخطوط الفرنسيّة وممثّلها في "النقابة الوطنيّة لطيّاري الخطوط الجويّة"، إلى أنّه في حال قامت الشركة بهجوم عبر الصحافة، فإنّ النقابة ستشنّ حالا هجوما مضادّا عبر الأثير بواسطة "منظمة الرؤيا العالميّة" المعروفة بـ "مونديو فيزيون" (Mondiovision) ونشر خبر إختلاس تعويضات حرب الخليج، من قبل "الأزعر". وهكذا سيكون تأثير الفضيحة مضمونا. غير أن الإضراب توقف سريعا في مساء الثامن من جوان ... فتفاجأنا جميعا من سرعة التجاوب مع مطالب النقابة من قبل الحكومة، وذلك لأن الملفّ كان حتما ساخنا ودقيقا للغاية.

4. بالإشارة إلى ذلك الكتاب وعلى أثر توقف الإضراب، إستلمت رسالة في السادس من يوليو 1998 من السيّد "ب. بايس" .B (Bays) من مكتب CF 1 في نيابة مديريّة مراقبة الضرائب التابعة للمديريّة العامّة للضرائب، يعلمني فيها بأنني أعرف جيّدا أن القاعدة القانونيّة للسريّة الضرائبيّة لا تسمح لي بالإطلاع على مجرى التحقيقات المتعلّقة بالأمر الذي أبلغته إلى الدوائر الضرائبيّة في مدينة "لو هافر". باختصار، من واجبي دفع الضرائب المترتّبة عليّ، والخضوع لكل تفتيش ضرائبيّ، ولكن لا يحقّ لي أن اطالب وأطّلع على إدارة الدولة في حال حدوث تجاوزات واختلاسات.

5. في 29 أغسطس 1998، كتاب إلى السيّد "دومينيك ستراوس-كاهن"، وزير الإقتصاد والمال، فطلبت منه إبلاغ "النقابة الوطنيّة لطيّاري الخطوط الجويّة" بنتائج التحقيق. ولم نتلقّ جوابا!

6. في 23 نوفمبر 1998، وجّهت كتابا ثانيا إلى السيّد "دومينيك ستراوس- كاهن"، مكرّرا طلبي عن مسار التحقيق ومشيرا له بأنّ السيّد .B. P من نيابة مديريّة مراقبة الضرائب التابعة للمديريّة العامّة للضرائب، والمسؤول عن الملفّ أكّد لي بأنه لا يحقّ لي الإطلاع على مجرى التحقيقات المتعلّقة بالأمر. ولم نتلقّ جوابا!

7. في 27 ديسمبر 1999، وجّهت كتابا إلى السيّد "كريستيان سوتّر" (Christian Sautter) وزير الإقتصاد والمال، مطالبا بمعرفة كميّة التعويضات التي دفعت لفرنسا مقابل

مشاركتها بحرب الخليج. ولا جواب!

8. في 31 فبراير 2000، وجّهت كتابا ثانيا إلى السيّد "كريستيان سوتّر" وزير الإقتصاد والمال، مع نسخة مفتوحة إلى الصحافة، يتضمّن نفس السؤال، ولا جواب!

9. في الثالث من أبريل 2000، وجّهت كتابا إلى "لوران فابيوس" (Laurent Fabius)، وزير الإقتصاد والمال والصناعة، بشكل رسالة مفتوحة، ولا جواب!

10. في 20 يوليو 2000، وجّهت كتابا ثانيا إلى "لوران فابيوس"، وزير الإقتصاد والمال والصناعة، ودائما لم نتلقّ اي جواب!

بعد ذلك شعرت بالملل، وبالرغم من ذلك، بعثت برسالة إلى "جان-بيار كازميو" (Jean-Pierre Casmyou) رئيس تحرير مجلّة & Air) (Cosmos مع نسخة إلى "بعثة الإعلام والتواصل في الدفاع" (Délégation à l'information et à la communication de Défense, DICOD)
آملا بذلك أن تتحرّك وزارة المال، وهذا ما حصل...

في 29 يناير 2001، وبحضور ممثّل عن المديريّة العامّة للضرائب وبطلب منه، حضر إلى دارتي ضابط من وزارة الدفاع الوطنيّ، ليبلغني، كنتيجة لمختلف الرسائل التي وجّهتها إلى المسؤولين، بأنّ تحقيقا فُتح حول هذه القضيّة وحصلت مراجعة دقيقة في ديوان المحاسبة الخاصّ بوزارة الدفاع. وقد أكّد هذا الديوان أنّه لم تدفع أيّة تعويضات لفرنسا مقابل مشاركتها في حرب الخليج (...)

بعد هذا اللقاء وعلى أثر نجاحي في إلزام المسؤولين بفتح تحقيق بشأن هذه القضيّة، طلبت في نفس اليوم، أي في التاسع والعشرين من شهر يناير 2001، بمكافأة المنبّه، التي تقدّر بنسبة واحد بالمائة من كميّة المال المسلوب. وقد تبلّغت وزارة المال الفرنسية هذا الطلب في 31 يناير 2001.

ونظرا إلى الجمود المسيطر في عمل دوائر "المديريّة الوطنيّة للتحقيقات الضرائبيّة"، تبيّن لي أنّه من الأفضل إرسال هذا الملفّ إلى مصلحة الجمارك التي من المحتمل أن تقوم بتحقيق أكثر فاعليّة من "المديريّة الوطنيّة للتحقيقات الضرائبيّة".

إسمحوا لي، سيّدي الوزير، أن أقول لكم بكل صراحة، لو أقدمت وزارتكم على البحث عن هذه الأموال المختفية أو المختلسة، لتمكنتم من استعادة قسم كبير منها والإسهام في تعزيز ميزانية الدولة، وبالتالي استعادة مبالغ تتجاوز كثيرا نسبة مكافأة المنبّه التي يفترض دفعها لصاحب العلاقة (...)

في هذا المضمار أودّ أن أشير إلى أنّه إذا اعتبرتم أنّ عمليّة شجع أو طمع تكمن وراء هذا العمل الذي أقوم به، فإنّكم ستخطئون حتما، وذلك لثلاثة أسباب:

أولا، إنّ المعلومات عن عمليّة إختلاس الأموال أبلغت إلى وزارتكم في شهر يناير 1998، بينما لم يقدّم طلب المكافأة المشار إليه إلا بعد مرور ثلاث سنوات على ذلك، أي في شهر يناير 2001.

ثانيا، لأنّ طلب المكافأة هذا يُلغي مفعول فقدان مرور الزمن المحدّد بعشر سنوات.

ثالثا، لإنّني تعهّدت بتقديم قسم كبير من المكافأة لمؤسسات الخير العام.

غير أنّ الهدف الرئيسي الذي دفعني إلى اتّخاذ هذه الخطوة يقضي بتوجيه ضربة قاسيّة لفساد الطبقة السياسيّة وإعادة الحقوق للمواطنين والمواطنات، باعتبار أنّ حقهم الأساسي هو مراقبة حكّامهم.

إنّ عمليّة اختلاس تعويضات حرب الخليج ينبغي أن تشكّل دافعا قويّا ومدرسة للمقاومة والنضال في فرنسا وأوروبا والعالم أجمع.

أنا أدرك جيّدا قوّة الحواجز والروادع والمحاصرات وأشكال الكبح التي تمنع وترعب كبار الموظفين في وزارتكم، لدى اطلاعهم على عمليّة الإختلاس هذه، منذ اليوم الأوّل... وعندما رفضوا فتح ملفّ تحقيق جاد بها، قرّرت رفع الأمر مباشرة إلى معاليكم.

من المؤكّد أن انعكاسات اختلاس تعويضات حرب الخليج ستكون ذات وقع مؤلم للغاية أكثر مما تصوّره المسؤولون الكبار عن جريمة الدولة

هذه. وهذا ما دفعني أيضا إلى رفع هذا الكتاب إلى معاليكم.

إنّ التحليل الذي وصلت إليه يدفعني إلى احتمال ارتباط هذا الإختلاس الرهيب للأموال العامّة ، بشكل أو بآخر، بظهور مجموعة ذات طابع إرهابي تحمل إسم "أزف" (AZF).

في الواقع، إنّ عمليّة اختلاس تعويضات حرب الخليج نشرت على صفحات الإنترنت وتناقلتها مواقع الإتّصال بين شهر سبتمبر 2001 وشهر يناير 2005. وظهور مجموعة "أزف" قد يكون مرتبطا بصدمة الخيانة لدى مجموعة من رجال الجيش الذين قد يعتبرون، وبحقّ، أنّ الطبقة السياسيّة قد خانتهم، واستغلّتهم، وأساءت معاملتهم.

فطابع "جيل أزف الجديد" (New Age d'AZF) برز في عدّة نصوص على شاشة الإنترنت، وذلك لإضافة نزعة فلسفية على تحرّك هذه المجموعة، لربما بهدف خلط الأوراق وإرباك التوجّهات والتضليل في عمليّة التحقيق.

ولأسباب أخرى، أعتقد بوجود احتمال ثان يتعلّق بهويّة أعضاء مجموعة "أزف": أي مجموعة خارجيّة تختبئ وراء هويّة مجموعة من العساكر الفرنسيّين الناقمين على عمليّة إختلاس تعويضات حرب الخليج العائدة إلى فرنسا، والعازمين على زعزعة أوضاع الدولة بشكل مؤلم.

هذه الإفتراضات لها طابع حسّاس للغاية. لذلك تدركون، يا معالي الوزير، امتناعي عن الدخول في إعطاء تفاصيل عنها ضمن كتاب موجّه رسميّا إلى مؤسسة حكوميّة.

غير أنّني، ونظرا لمعرفتي الكافية بالأوساط العسكرية، أؤيد الإفتراض الثاني، أي وجود مجموعة خارجية لا علاقة لها إطلاقا، لا من قريب ولا من بعيد، بالدفاع الوطني.

إذا شئتم، تستطيعون الحصول على معلومات من شأنها أن تبطل أو تؤكّد صحّة أحد هذين الإفتراضين، من وزارة الداخلية ووزارة الدفاع.

هذا التقديم المختصر جدّا عن إمكانيّة وجود علاقة بين اختلاس

هنا ينتهي الكتاب الموجّه إلى الوزير "تياري بريتون".

بالرغم من طابعه "التفجيري" والمثير للفضائح، لم يصدر أيّ ردّ فعل أو تحرّك من قبل وزير المال، ولا أي تحقيق من قبل الصحافة، بشأن عملية اختلاس بهذا الحجم، مع العلم بأدّي أشرت إلى عمليّة إرتباط ممكنة مع بروز "مجموعة ضغط ذات طابع إرهابيّ،عرفت باسم أزف."

إنّه لأمر غريب! لماذا؟ لأن "جاك شيراك" (Jacques Chirac) كان آنذاك رئيسا للجمهوريّة، ومعارضا شرسا للإشتراكيّين. وبالرغم من ذلك، لم يجد مبرّرا كافيا للكشف علنيّا عن هذه القضيّة. أما السبب فيمكن اختصاره بجملة واحدة: الفساد ليس حكرا على أحزاب اليسار... وهذا ما يمكن تفسيره بالخبر الذي نشرته الصحافة الفرنسيّة آنذاك عن وجود حساب سرّيّ بقيمة ثلاث مائة مليون دولار باسم "جاك شيراك" في أحد المصارف اليابانيّة.

وهناك تساؤل أخر عن السرّ الكامن وراء "انتحار" (أو بالأحرى نحر) بيار بيريغوفوا" (Pierre Bérégovoy) و"فرانسوا دو غروسوفر" (François de Groussouvre)؟ ألم يثر ذلك الكثير من التساؤلات التي لم تجد أي جواب مقنع لدى الرأي العام؟

آنذاك، أدركت جيّدا أنّ جمهوريتنا تحوّلت فعلا إلى "توتاليتاريّة مافياويّة"، لانّ رئيسها تمكّن من إختلاس المليارات من الدولارات دون حساب أو رقيب. كذلك أدركت أنّ النضال سيكون طويلا، لأنّه لم يعد للخطاب المنطقي والمقاربة الشفّافة أي تأثير أو اعتبار في قاموس المسؤولين في ظلّ نظام توتاليتاريّ. فهم يصمّون آذانهم عن الفضائح التي تُرتكب أو يرتكبونها.

وقد تحقّقت من ذلك خلال كلّ هذه السنوات، إذ لم أتلقّ أي جواب مباشر عن كلّ الرسائل التي وجّهتها إلى وزراء الماليّة منذ العام 1998، باستثناء جواب واحد من السيد "ب. بايس"، المدير المساعد في "نيابة مديريّة مراقبة الضرائب"، يعلمني فيها بأن "القاعدة القانونيّة للسريّة الضرائبيّة لا تسمح بالإطلاع على مجرى التحقيقات المتعلّقة بالأمر".

وهكذا تتيح "السرّيّة الضرائبيّة" لحكامنا اختلاس المليارات دون حساب أو رقيب!... فهل نعيش إذا في حلم،أو في حالة كابوس مقلق للغاية؟

ولكن لحسن الحظّ، تسمح المطالبة بمكافأة المنبّه بواحد بالمائة فتلغي مفعول فقدان مرور الزمن المحدّد بعشر سنوات، كما تسمح بمقاضاة المجرمين أمام القضاء حتّى بعد مرور عشرين سنة.

أشير هنا إلى توضيح أضفته في كتاب وجّهته إلى وزير المال والإقتصاد، "بيار موسكوفيشي" (Pierre Moscovici). في 29 يناير 2014، ما يلي:

"أتمنّى في أن تستخدم مكافأة المنبّه المطلوبة، والمقدّرة بـ 37 مليون يورو، لتأسيس "مؤسسة فرقة داغات" (Fondation Division Daguet) لكي تدفع تعويضات عن الجنود الذين قتلوا في حرب الخليج أو جرحوا، أو ما زالوا يعانون من عواقب تلك الحرب أو من المشاكل النفسيّة المصابين بها.

من الممكن ايضا إنشاء هيئة تسهّل توزيع التعويضات لضحايا "متلازمة حرب الخليج". أمّا بالنسبة لي، فلا أطلب إلا ما يساوي راتب مفتّش عامّ في مصلحة الضرائب، في نهاية خدمته، بالإضافة إلى 40 بالمائة لعدم الجواب عن كلّ الرسائل التنبيهيّة والتحذيريّة، ثمّ يضاف إليها 4 بالمائة عن كلّ سنة تأخير."

ولكن ما هي الأدلّة التي تؤكّد إختلاس التعويضات العائدة لفرقة "داغات" العسكريّة التي شاركت في حرب الخليج بهدف تحرير الكويت من الغزو العراقي؟

الفصل الثالث

الإعتراف

خلّفت حرب الخليج الأولى أضرارا وخسائر مرعبة. فطُلب من الشعب العراقي دفع تعويضات عنها قدّرت بـ 352,5 مليار دولار. ولحسن الحظّ تمّ رفض ذلك.

أما لجنة الأمم المتّحدة المسؤولة عن التعويضات (Commission d'indemnisation des Nations Unies, CINU) فقد أنشئت عام 1991 بموجب القرارين رقم 687 (1991) ورقم 692 (1992) لدراسة الطلبات ودفع التعويضات عن الخسائر والأضرار التي لحقت بالأفراد والمؤسسات والحكومات والمنظمات الدوليّة بسبب غزو الكويت واحتلاله من قبل العراق من الثاني من أغسطس 1991 إلى الثاني من شهر مارس 1992.

فقد لحظت هذه اللجنة مبلغا قدره 52,4 مليار دولار أميركي لأكثر من مائة حكومة ومنظمة دوليّة. أما الأموال التي صُرفت فقد دُفعت من قبل صندوق تعويضات الأمم المتحدة الذي كان يتلقّى خمسة بالمائة من مبيعات تصدير المواد البتروليّة العراقيّة، بموجب قرار مجلس الأمن رقم 1483 الصادر عام 2003.

فمصدر أموال التعويضات إذا، هو المنتوج البترولي العراقي الذي يسمح بتأمين التعويضات العائدة لأصحاب الحقّ والعلاقة. ومن المستحيل إذا مقارنة هذا الأمر مع "خطّة مارشال" للتنمية وإعادة الإعمار.

فحتىّ يناير 2004، دفعت لجنة الأمم المتّحدة تعويضات بقيمة 44,5 مليار دولار، وبقي عليها تسديد 7,8 مليار دولار، من المبلغ الأساسيّ المحدّد لسقف التعويضات.

أمّا الفئة الأولى من طلبات الكويت باسم "الشركة الكويتيّة للبترول" (Petrolium Corporation Koweit) فقد حصلت على مبلغ قدره 14,7 مليار دولار حتى عام 2000 كتعويض عن خسارة إنتاجها وتصريفه، بينما بلغت كلفة إطفاء حرائق آبار البترول المليار دولار.

تُضاف إلى هذه التعويضات الموثّقة، أكلاف الحرب التي دفعت مباشرة إلى التحالف الدولي المشارك في الحرب، من قبل مصارف الكويت والمملكة العربيّة السعوديّة ودولة الإمارات العربيّة المتّحدة. وهذا هو الأمر الذي أتطرّق إليه في هذا الفصل.

*

إندهشت كثيرا من عدم الحصول على أي جواب عن الرسائل اتي رفعتها إلى كلّ وزراء المال، بالرغم من أهميّة وخطورة القضيّة والإتهامات التي أثرتها. مع العلم أذّني إتّهمت رئيس الجمهوريّة "فرانسوا ميتران"، عندما كان في الحكم، باختلاس مليارات الدولارات من المال العام دون رقيب ودون شعور بالذنب.

أما السبب فيعود بكل بساطة إلى كون مثير القضية ليس سوى مواطن عاديّ لا قيمة له في ميزان الإدارة العليا أو في وزارة المال، وكذلك لا وزن له ولا أهميّة مقابل وزير في جمهوريّتنا. إذّما الأمر ينقلب رأسا على عقب عندما تتوجّه "جمعيّة الجنود القدامى" بكتاب إلى الوزير المختصّ.

في عام 2008 تلقّيت إتّصالا من رئيس "الإتّحاد الوطني لضبّاط الصفّ المتقاعدين" (Union Nationale des Sous-Officiers en retraite, UNSOR) مبديا الرغبة في الإطلاع أكثر فأكثر على قضيّة إختلاس الأموال العائدة لفرقة داغات".

يضمّ هذا الإتحاد ما يقارب 15.000 عضو، معظمهم من المحاربين القدامى الذين شاركوا في حرب الخليج الأولى.

فيما يلي نصّ الكتاب الذي رفعه هذا الإتّحاد 12 أغسطس 2008 إلى السيّدة "كريستين لاغارد" (Christine Lagarde) وزيرة الإقتصاد والمال والصناعة أنذاك.

السيّدة كريستين لاغارد
وزيرة الإقتصاد والمال والصناعة

الموضوع: إختلاس أموال تعويضات حرب الخليج العائدة لفرنسا.

السيّدة الوزيرة

بصفتي رئيسا لـ"الإتّحاد الوطني للضبّاط المتقاعدين"، أطلعني عدد كبير من اعضاء الإتّحاد، الذين شاركوا في عمليّة "داغات" ـ عاصفة الصحراء ـ خاصّة الفرقة الثالثة لمشاة البحريّة المرابضة في مدينة "فانن" (Vannes)، على "قصّة" إختلاس التعويضات العائدة إليهم.

خلال المشاركة في تلك العمليّة، أبلغ قائد الفرقة جنوده بأنّ تعويضا خاصّا ستدفعه دولة الكويت وباقي دول الخليج للمشاركين في تلك الحرب.

حتى الآن، لم أعر اهتماما خاصّا لهذه "القصّة التي يستبعد تصديقها" من قبل المسؤولين عن بلادنا في ذلك الوقت. غير أنّ مثابرة الأعضاء ومواظبتهم على البحث وصلت إلى السيّد "جان-شارل ديبوك". فما كان منّي إلا الإتّصال بهذا الشخص واللقاء به. فقدّم لي كل التفاصيل والوثائق، وأطلعني على مختلف الإتّصالات والمراسلات التي قام بها منذ العام 1998. لذلك، أعتبر أن هذه القضيّة معروفة على أعلى مستويات المسؤولين في الدولة بكونها واقعيّة وليست مختلقة.

فباسم جميع الأعضاء الذين يشعرون بالغبن، خاصّة الذين ماتوا في تلك العمليّة، والذين أصيبوا في أجسادهم، والذين يعانون باستمرار من "متلازمة حرب الخليج"، أسمح لنفسي برفع هذا الكتاب إلى معاليكم، لأنّ هذه القضيّة الدقيقة والحسّاسة تستحقّ أجوبة واضحة بهدف إزالة كل الشبهات.

فلا بدّ من الإهتمام الجّاد بهذه القضيّة وإيجاد حلّ نهائيّ لها. فالدولة وكذلك وزارة الدفاع لن يخرجا منها بكرامة، كما لن تعزّز الثقة المطلوبة من قبل الجنود المتقاعدين ولا من قبل الجنود الذين ما زالوا

في الخدمة تجاه الهيئات المسؤولة.

وبانتظار الجواب، تفضّلي، سيّدتي الوزيرة، قبول فائق الإحترام.

رئيس الإتّحاد الوطني للضبّاط المتقاعدين.

أرسلت نسخة من هذا الكتاب إلى كلّ من:
- السيّد وزير الدفاع
- السيّد رئيس لجنة الدفاع البرلمانيّة
- السيّد جان-شارل ديبوك

إنّه لأمر مذهل للغاية ما تضمنه هذا الكتاب. كما يتّسم الإتّهام الموجّه لمعالي وزيرة المال بطابع شديد الخطورة.

لذلك لم يتأخر الجواب، فتلقّى رئيس الإتّحاد الوطني للضبّاط المتقاعدين في السابع من أكتوبر 2008، كتابا من السيّد "كريستيان ديفور" (Christian Dufour) مدير ديوان وزيرة المال، وهذا نصّه:

وزارة الإقتصاد والمال والصناعة
مدير الديوان

السيّد الرئيس

في كتابكم المؤرخ في 12 أكتوبر / تشرين الثاني 2008، إلى السيّدة وزيرة الإقتصاد والمال والصناعة، أشرتم إلى عوامل مختلفة تتعلّق بتعويضات كان من المفترض أن تدفعها دولة الكويت وأن تعود لصالح الجنود الذين شاركوا في عمليّة "عاصفة الصحراء".
تشيرون أيضا في كتابكم إلى أنّ بعض الأعضاء في الإتّحاد وكذلك السيّد جان-شارل ديبوك أكّدوا لكم أنّ هذه التعويضات جرى اختلاسها،

دون الإشارة إلى الجهات التي استفادت من هذا الإختلاس.
أفيدكم علما بأنّه، رغم كل الأبحاث والتحقيقات التي قامت بها دوائر الوزارة حول هذا الأمر، لم يتمّ العثور على أيّة معلومة تؤكد أو تدحض هذه الإدّعاءات. وعلاوة على ذلك، لا علم للوزارة بأي من الوثائق المشار إليها في كتابكم.
ولذا حوّلت هذا الكتاب إلى وزارة الدفاع المؤهلة الوحيدة في النظر إلى مضمونه.

تفضّلوا، سيّدي الرئيس، بقبول الإحترام.

التوقيع : : كريستيان ديفور.

لا بدّ من التوقّف والتعليق حول ما ورد في هذا الجواب.

في البداية، يشير مدير الديوان إلى ما يلي: " إلى عوامل مختلفة تتعلّق بتعويضات كان من المفترض أن تدفعها دولة الكويت..."

إذا قام أيّ شخص ببحث بسيط على شبكة الإنترنت، سيطّلع على معلومات أكثر من مدير ديوان وزيرة الإقتصاد والمال والصناعة الذي يتكلّم بصيغة المفترض.
والمثال الأوّل الذي يدحض هذا الكلام، نجده في مقال صدر في مجلة "نيويرك تايمز" (New York Times) في شهر سبتمبر 1992، جاء فيه ما يلي:

"إنّ خبرا تسرّب من إجتماع للبنوك المركزيّة في دولة الإمارات العربيّة المتّحدة. تقول، إضافة إلى ذلك، إنّ حكومات المملكة العربيّة السعوديّة والكويت وللإمارات في الخليج، دفعت 84 مليار دولار مباشرة إلى الولايات المتّحدة، وبريطانيا وفرنسا كتعويضات عن الأكلاف العسكريّة."

وإليكم النصّ بالإنكليزيّة ثمّ بالفرنسيّة:

« *The report, released at a central bankers' meeting in the*

*United Arab Emirates, said that in addition, the governments
of Saudi Arabia, Kuwait and the Gulf Emirates made $84
billion in direct payments to the United States, Britain and
France for military expenses... »*

*« L'information relâchée à une réunion des banques centrales
aux Emirats Arabes Unis, dit, en plus, les gouvernements
d'Arabie Saoudite, du Koweït et des Emirats du Golfe, ont
versé 84 milliards de dollars en paiement direct aux Etats-
Unis, à la Grande Bretagne et à la France pour les dépenses
militaires... »*

فاستنادا إلى ما نشرته بعض المواقع الأميريكيّة، وصلت كلفة حرب الخليج عام 1991، إلى 84 مليار دولار، دُفع منها 61 مليار دولار للولايات المتّحدة، ودُفع ما تبقّى، أيّ 23 مليار دولار، إلى بريطانيا وفرنسا.

وبما أنّ عدد الجنود البريطانيّين الذين شاركوا في تلك الحرب ناهز ضعفي عدد الجنود الفرنسيّين، تكون كميّة التعويضات التي حوّلت لصالح بلدنا فرنسا بحدود سبعة مليارات. وإذا أردنا تقيّيمها مع مرور الزمن، فستصل إلى 15 مليار تقريبا.

وقد جاء أيضا في كتاب مدير ديوان الوزيرة ما يلي:

"أفيدكم علما أنّه، رغم كل الأبحاث والتحقيقات التي قامت بها دوائر الوزارة حول هذا الأمر، لم يتمّ العثور على أيّة معلومة تؤكد أو تدحض هذه الإدّعاءات. علاوة على ذلك، لا علم للوزارة بأي من الوثائق المشار إليها في كتابكم."

نعم، من الواضح والمحتّم أنّ دوائر هذه الوزارة لم تعثر على علم أو وثيقة أو أثر من شأنه أن يؤكّد أو يدحض هذه الإدّعاءات!...

وهنا لا أرى كيف تستطيع الدوائر الجمركيّة المسؤولة عن التدقيق بالمبالغ الماليّة التي تدخل إلى فرنسا، أو إلى الخزينة العامّة، أن تعثر على أيّ اثر له علاقة بهذه القضيّة... خاصّة، إذا كان تحويل هذه الأموال قد تمّ مباشرة إلى البنوك في سويسرا أو في ايّ مكان آخر. من الطبيعي أن لا تجد إطلاقا الدوائر الفرنسيّة المختصّة أيّة وثيقة تشير إلى ذلك.

*

وبدوره، أجاب وزير الدفاع آنذاك، "هرفي موران" (Hervé Morin) على كتاب رئيس الإتّحاد الوطني للضبّاط المتقاعدين". وهذا نصّه:

وزارة الدفاع
الوزير
باريس، 16 فيراير / شباط 2009 – 002572

سيّدي الرئيس

في كتابكم المؤرخ في 12 أغسطس 2008 طلبتم توضيحات من السيّدة "كريستين لاغارد" وزيرة الإقتصاد والمال والصناعة، حول إختلاس مزعوم للتعويضات العائدة لفرنسا مقابل مشاركتها في عمليّة "عاصفة الصحراء". وقد حوّلت هذا الكتاب إلى وزارتنا للنظر في مضمونه. أما السيّد جان-شارل ديبوك، المعروف جيّدا من قبل دوائرنا، فهو لم يتوقف، منذ عدّة سنوات، عن إثارة هذا الموضوع بطريقة جدليّة. لذلك نفيدكم علما أنّ كلّ هذه الإدّعاءات التي لا تستند إلى أي برهان حسّيّ، تبدو واهية. ولذا لم تعط أيّة أهميّة أو متابعة من قبل وزارتنا.

تفضّلوا، سيّدي الرئيس، بقبول الإحترام.

"هرفي موران"

وإليكم تعليقي:
يقول: **"حول إختلاس مزعوم للتعويضات العائدة لفرنسا مقابل مشاركتها في عمليّة علصفة الصحراء"!**...

يبدو لنا هنا أنّ "هرفي موران"، وزير الدفاع، لا يقرأ مجلّة "نيويورك تايمز"، و لا على الأقلّ العدد الصادر في سبتمبر 1992... فلو قرأ ما ورد فيها، لاكتشف المستور "وراء الأكمّة"، أيّ "84 مليار دولار... ولكن هناك "غول

31

ضخم" يغطّي مليارات من الدولارات، ومن الصعب إخفاؤها.
ثم يقول: **أما السيّد جان-شارل ديبوك، المعروف جيّدا من قبل دوائرنا...**

هذه الإشارة ليست دقيقة، فأنا معروف لدى هيئة أركان الجيوش الفرنسيّة !...
وليس من قبل دوائر الوزير !

ثمّ يضيف: **لم يتوقف، منذ سنوات، عن إثارة هذا الموضوع بطريقة جدليّة...**

فأنا أتساءل: هل طرحت الموضوع بشكل جدليّ؟ وكيف؟ انا طالبت فقط وبكل
بساطة من وزارة المال تفسيرا حول "نفقات" حرب شاركت فيها "فرقة داغات"
الفرنسيّة للتأكّد إذا كانت قد سدّدت إلى فرنسا، ومتى؟

هناك مصادر خارجيّة تحدّثت عن هذه القضيّة. ولكن لم نر وزيرا واحدا، أو
مسؤولا سياسيّا، أو صحيفة فرنسيّة، أو أيّة وسيلة إعلام وطنيّة، تطرّقت إلى
هذا الأمر أو أثارته بشكل أو بآخر. أليس هذا أمر مثير للحذر والإستغراب؟...

وقد جاء أيضا في جواب الوزير: **" كلّ هذه الإدّعاءات التي لا تستند إلى أي
برهان حسّيّ، تبدو واهية. ولذا لم تعط أيّة أهميّة أو متابعة من قبل وزارتنا..."**

سنلبّي طلب سيادة الوزير ونقدّم له اشتراكا في مجلّة "نيويورك تايمز" لعلّه
سيقرأ فيها شيئا عن هذه القضيّة .

*

نشرتُ هاتين الرسالتين على موقع "التحذير الأخلاقيّ"، لأنّهما تشكّلان
إعترافا جليّا بأنّ وزارة المال الفرنسيّة لم تتسلّم إطلاقا المليارات المتعلّقة
بتعويضات حرب الخليج والمحوّلة من قبل المملكة العربيّة السعوديّة ودولة
الكويت والإمارات العربيّة المتّحدة عام 1991، بينما تثبت العكس مجلة كبرى
أميركيّة مثل "نيويورك تايمز" !

لا يمكن لهذه النتيجة المرعبة إلا أن تدفع بالذين تعرّضوا للإحتيال بالمطالبة
بعمليّة تحقيق رسميّة للكشف عن هويّة المسؤولين عن إختلاس تلك الأموال
ومحاكمتهم أمام القضاء.

كما أنّه من المستحسن أن تستعيد وزارة الدفاع الوطني هذه الأموال فتقدّم
تعويضات لقدامى المحاربين الذين شاركوا في حرب الخليج وتهتم بمعالجة من

يعاني منهم من "متلازمة الخليج" (Syndrome du Golfe).

الفصل الرابع

"متلازمة الخليج"

في عام 1991، ارسلت فرنسا 18.000 جندي إلى المملكة العربيّة السعوديّة وإلى دولة الإمارات للإسهام في تحرير الكويت من جيش صدام حسين. أما الولايات المتّحدة فقد أرسلت 700.000 جنديّ للمشاركة في إطار عمليّة "عاصفة الصحراء".

وهكذا تمّت مقاومة الغزاة العراقيّين وطردهم من الكويت بفضل تدخل عسكريّ قويّ برّا وبحرا وجوّا، مخلّفا وراءه ضحايا عدة من المدنيّين والقوّات العسكريّة. وقد انتهى الصراع غداة إشعال حريق كبير في آبار البترول الكويتيّة من قبل العراقيّين في طريق إنسحابهم من الأراضي الكويتيّة.

في غزوته للعراق، استخدم صدّام حسين 5500 مدرّعة من صنع سوفياتيّ، معظمها قديم الصنع وقد فات عليها الزمن. أما القوّات البريّة فكان عددها هائلا جدّا، إذ كان باستطاعة الديكتاتور العراقيّ أن يحتلّ بمنتهى السهولة كلّ إمارات الخليج وأكثر.

سيطر الجيش الأميركي على الفضاء الجويّ ونجح في تعطيل المدرّعات العراقيّة بواسطة أسطوله الجويّ المكوّن من قاذفات (Fairchild A 10 Thunderbolt II)، المجهّزة بمدافع دوّارة تطلق 3500 قذيفة بالدقيقة من عيار 30 مم، تحتوي على مادّة من الأورانيوم الضعيف.

غير أنّ هذا النوع من القذائف تبخّر عند اصطدامه بالأرض أو بالآليّات العسكريّة المستهدفة، مكوّنا غيوما سامّة لوّثت البيئة التي يتواجد فيها الجنود

المشاركون في تلك الحرب. وهذا ما أدّى بنوع خاصّ إلى تسمّم عدد كبير من هؤلاء الجنود. وما زال العديد منهم يعاني حتّى اليوم ممّا يسمّى بـ "متلازمة الخليج".

*

أصابت هذه المتلازمة قدامى المحاربين المشاركين في تلك الحرب. فهي تتميّز بعوارض معيّنة وإضطرابات في جهاز المناعة الخلقي وتشويه عند الأولاد.

أما المعالم المرضية فتظهر في حالات تعب مزمنة، وعدم القدرة على النوم، وفقدان الطاقة العضليّة، ووجع الرأس المؤلم الطويل، والدوخة، وفقدان التوازن والذاكرة، وآلام المفاصل والعضلات، والإضطرابات في الإمعاء، والمشاكل الجلديّة، واحيانا انعدام مفعول الإنسولين.

كذلك تعرّض لهذه المأساة السكّان المحليّون، وما زال المواطنون هناك يعانون من هذه "المتلازمة"، خاصّة المواليد الجدد في منطقة البصرة في العراق حيث رُصدت ولادات جديدة مشوّهة خلقيّا بنسبة سبعة إلى ثمانية مرّات أكثر ممّا كان الحال قبل الحرب.

أما الوفيات بسبب سرطان الرأس، والتصلّب الجانبي النشواني (sclérose latéral amytrophique)، والفيبرميييالا (fibromyalgie)، فقد اعترفت دوائر وزارة الدفاع الأميركيّة واتّحاد المحاربين القدامى بترابطها مع العمل العسكري في حرب الخليج.

هذا ويذكّرنا أيضا تشابه إضطرابات هذه المتلازمة بإضطرابات البالع الكليوي (myofasciite à macrophages) وبإمكانية المرجع المصاحب للقاحات.

*

لم يتمكّن قدامى المحاربين في فرنسا من إسماع صوتهم بالرغم من الجهود التي تبذلها "جمعية الضحايا المدنيّين والعسكريّين في حرب الخليج"[2] التي

أسّسها عام 2000 "هرفي داسبلات" (Hervé Desplat) والصحافيّة "كريستين عبدالكريم-دالان" (Christine Abdelkrim-Delanne). وقد قامت هذه الجمعية بالبحث والتحقيق منذ عدّة سنوات عن الإنعكاسات البيولوجيّة والنفسيّة لحرب الخليج.

أجريت فحوصات وتحقيقات عدّة مع المحاربين القدامى الفرنسيّين الذين يعانون من أمراض مختلفة منذ عودتهم من الخليج. وقد تبيّن من خلال ذلك بروز عوارض وأمراض تتشابه تماما مع تلك التي يعاني منها أيضا المحاربون الأمريكيّون والبريطانيّون والأوستراليّون.

وعلى أثر تحرّك جمعيّة "أفيغولف"، أقرّت عام 2001 لجنة الدفاع الوطني والقوى العسكريّة في مجلس النوّاب، تكوين "هيئة إعلاميّة برلمانيّة للكشف عن أوضاع العسكريّين الفرنسيّين الذين تعرّضوا، خلال حرب الخليج والعمليّات العسكريّة التي حصلت لاحقا في حروب البلقان، لمخاطر وعوارض صدّيّة معيّنة".

ترأس تلك الهيئة السيّد "برنارد كازنوف"[3] (Bernard Cazeneuve) بمعاونة مقرّرين، وهما السيّدة "ميشال ريفازي" (Michèle Rivasi) والسيّد "كلود لانفرانكا" (Claude Lanfranca) وتمّ تسجيلها لدى رئاسة مجلس النوّاب في 15 مايو 2001.

نجد محاضر التحقيقات التي جرت مع الأطباء العسكريّين من قبل هذه اللجنة البرلمانيّة على موقع "فولتير" تحت عنوان : "محاضر استماع لجنة الإعلام البرلمانيّة الفرنسيّة عن حرب الخليج: حقيقة هذا النزاع."
Auditions de la Mission d'information de l'Assemblée)
nationale française sue la Guerre du Golfe : vérité sur un
.(conflit

*

رفضت جمعيّة "أفيغولف" مضمون هذا التقرير "ذي الطابع الإنحيازي والتلفيقي الذي لا يسمح للحكومة باتخاذ أي إجراء".

---

[3] وزير الداخلية ورئيس الحكومة الفرنسيّة لاحقا في عهد "فرانسوا هولاند".

ولكنّ هذه الجمعيّة طالبت بتحقيق وبائيّ شامل يسمح بإجراء مسح كامل لوضع المحاربين القدامى الذين شاركوا في حرب الخليج وإخضاعهم لفحوص طبّيّة وعلميّة مرتبطة مع نوع التسمّم الذي سبّبته موادّ تعرّضوا لها على أرض المعركة، مثل: اليورانيوم، ودخّان آبار البترول، والمبيدات، والـ بيريدوتيتيمين، والفيرجيل، واللقاحات، وذرّات غاز المعارك.

وبالرغم من ذلك اعتبرت الوزارة هذه القضيّة منتهية وأعادت الملف إلى أدراجه في المحفوظات.

في الواقع، يتبيّن لأيّ مراقب أن هذا التصرّف غير طبيعيّ إطلاقا، خاصّة عندما نرى في الجانب الآخر من الأطلسي أن وزارة المحاربين القدامى الأميركيّة اعترفت بـ"متلازمة حرب الخليج" في تقرير لها صدر عام 2004 .

وهذا أمر بديهي، إذ لوحظ في الولايات المتّحدة الأميركيّة أن نسبة 25 إلى 30 بالمائة من الجنود الذين شاركوا في حرب الخليج، تعاني من "متلازمة حرب الخليج".

وهكذا، قُدّر عدد المصابين من الجنود الأميركيّين بهذه المتلازمة بين 170.000 و250.000 يخضعون باستمرار للمعاينات والمعالجات الطبيّة، كما تهتمّ قيادة الجيش بعمليّة تأمين تعويضات خاصّة للمعاقين منهم.

في عام 2006، نشرت "الأكاديميّة القوميّة للعلوم" (National Academy of Sciences) في اميركا إثباتات تفيد بأنّ ظهور أمراض لدى الجنود الذين شاركوا في حرب الخليج يمكن تفسيرها بسبب تعرّضهم لمادّة تسمّى "Acétylcholinesthérase".

ويشار في دراسة أخرى نشرت في مارس عام 2013، إلى ظهور أوّل إصابة بيولوجيّة بمتلازمة حرب الخليج.

وفي المركز الطبّي التابع لجامعة "جورجتاون، واشنطن"، تمّ الكشف عن تعرّض دماغ الجنود المصابين بهذا الداء لتلف بارز في المحاور العصبيّة، أيّ في إمدادات الخلايا العصبيّة التي تؤمن التدفّق العصبيّ.

إضافة إلى ذلك، حدّد الباحثون بدقّة إحدى الأمكنة في الدماغ التي تعرّضت لهذا النوع من التلف في المحاور العصبيّة في دائرة معيّنة، وبالتحديد في شعاع

السعفة السفلي من الجانب الأيمن المخوّل بمعالجة المعلومات المرتبطة بالألم والتعب.

وللتذكير يشكّل الألم والتعب العوارض الأكثر بروزا لدى المحاربين القدامى المصابين بمتلازمة حرب الخليج.

وقد أثبتت دراسات أخرى هذه النتيجة المدهشة، مشكّلة أول دليل حسيّ بيولوجي يؤكّد متلازمة حرب الخليج.

وفي سبيل مواصلة هذه الدراسات ودعم الأبحاث، يقدّم الكونغرس الأميركي مساعدات ماليّة ضخمة. وهذا امر لا وجود له في فرنسا بسبب التجاهل التام أو عدم الإكتراث بهكذا مشكلة من قبل المسؤولين السياسيّين.

إضافة إلى ذلك، تنظّم دراسات وفحوصات طبّيّة في الولايات المتّحدة من قبل دائرة الصحّة الخاصّة بالجنود الذين شاركوا في حرب الخليج، بهدف التحذير من احتمال بروز مشاكل صحّيّة على المدى البعيد بسبب التعرّض لبيئات ملوّثة. ويتضمن هذا الفحص الطبّيّ تحليلا للسوابق المرضيّة، وفحوصات مخبريّة، وفحصا جسديّا. ثمّ، يناقش المسؤولون عن ذلك نتائج هذه الفحوصات مع أصحاب العلاقة، ويوضع تقرير خاصّ عن كيفيّة متابعة مراقبتهم وعلاجهم.

هذا ويخضع كلّ المحاربين القدامى لهذه الفحوصات مجّاناً ، وذلك احتراما وتقديرا لخدماتهم وتضحياتهم، وليس فقط بالإعتماد على ملفّاتهم العسكريّة.

و بطبيعة الحال، يخضع لهذا الفحص الطبّيّ جميع الجنود الذين شاركوا في حرب الخليج 1990-1991، التي أطلقت عليها تسميات عدّة، مثل "درع الصحراء"، أو "عاصفة الصحراء"، أو "تحرير العراق"، أو "الفجر الجديد".

فتقييم النتائج الطبّيّة في سجلّ المحاربين القدامى لا صلة له إطلاقا بعمليّة التعويضات الخاصّة بالمعاقين منهم. فإذا أراد هؤلاء الحصول على تعويضات بهذا الشأن، فما عليهم إلا التقدّم بطلب بسيط إلى دوائر مختصّة بذلك.

أثناء دراسة أي ملفّ يتعلّق بالمطالب ، تقوم المصلحة المختصّة بفحص الأمر ودراسته بشكل منفصل عن التعويضات، إذا دعت الحاجة إلى ذلك.

في هذا الإطار أعلن سيناتور أميركيّ: "إنّ دعم جنودنا والمحاربين القدامى بشكّل واجبا مقدّسا بالنسبة لنا".

*

وهنا يحقّ لنا السؤال: ما هو الحال في فرنسا؟

علينا أن ندرك أن الذين يعانون من متلازمة حرب الخليج هم معاقون ولا يتلقّون أيّ تعويض، بعكس ما هو الحال لدى إخوتهم بالسّلاح في أميركا. والمؤلم أنّ معظمهم قد لاقى حتفه.

من المؤسف القول أن لا قيمة ولا أهميّة للمحاربين القدامى بنظر المسؤولين السياسيّين والصحافة ووسائل الإعلام الأخرى. فلا يأتون على ذكر مسألة "متلازمة حرب الخليج" إلا استثناءا.

فهل تعويضات الإعاقة اصبحت باهظة بالنسبة للدولة، أي لدافعي الضرائب؟ حتما ، لا.

الدفاع عن الحريّة له ثمن وعلى المواطنين أن يدفعوا الضرائب لصالح الجيش وأيضا لتأمين تعويضات للمعاقين، إن اقتضى الأمر.

ما هي المبالغ التي ينبغي على الدولة لحظها في الموازنة العامّة لتعويضات الإعاقة لكل الجنود المصابين بمتلازمة حرب الخليج؟ من الصعب الإجابة على ذلك لأنّنا لا نعرف عدد المحاربين القدامى ضحايا هذا المرض أو الذين يعانون منه.

فإذا استندنا إلى الإحصاءات التي توصّل إليها الجيش الأميركيّ، يتبيّن أنّ نسبة الجنود الذين يعانون من مشاكل سبّبتها "متلازمة حرب الخليج"، تتراوح بين 25 و30 بالمائة من مجموع عدد الجنود الذين شاركوا في تلك الحرب. وهذا يعني أنّ هناك ما بين 3.000 و 4.000 جندي معاق أو متوف في فرنسا.

في هذه الحال، ستكون الفضيحة مروّعة ومؤلمة للغايةعندما تنشر الأعداد الحقيقيّة عن المرضى والمتوفين.

إذا اعتبرنا أنّ التعويضات المستحقّة قد تأخذ مفعولا رجعيّا، فيمكننا تقدير المبلغ المطلوب لقدامى المحاربين في الخليج ما بين مليار ومليّاري يورو.

و لا بدّ من أن تُضاف إلى هذا المبلغ مكافأة المشاركة في الحرب والتي وُعد بها المحاربون في الخليج ، وهي تقارب الـ 200.000 يورو لكل جنديّ، علما أنّها لم تُدفع لأحد إطلاقا.

وهكذا، ونظرا لاهميّة عدد الجنود الذين أرسلوا إلى الخليج، يقدّر المبلغ العام لـ"مكافأة الحرب" ما بين مليار ومليار ي يورو.

وإذا ما أضفنا تعويضات الإعاقة بسبب متلازمة حرب الخليج إلى "مكافأة الحرب"، قد نصل إلى مبلغ يتراوح بين مليار ي وثلائة مليارات يورو. غير أنّ هذه المبالغ لم تُلحظ في أيّ موازنة الجيش !

*

لكن هناك استثناء، عندما نثير موضوع الثلاث مليارات والنصف دولار، المعتبرة تعويضات عن المشاركة في حرب الخليج، والتي يفترض أن تكون قد حوّلت إلى فرنسا عام 1991، تحت عنوان "تعويضات فرقة داغات".

فـ"نفقات الحرب" هذه جرى اختلاسها، كما يبدو، من قبل "فرانسوا ميتران" وبعض المسؤولين السياسيّين آنذاك، كما أوضحت ذلك في الفصلين الأوّلين .

وقد يصل هذا المبلغ إلى ما يقارب 7 مليارات يورو، خاصّة إذا أجرينا تقييما لها مع الوقت، يحتمل أن يتضاعف حسب بعض المصادر الماليّة.

*

ولربّما تصدّى لي معترض بالسؤال التالي: " ولكن كيف نستخدم هذه الأموال لتقديم التعويضات إلى الجنود الذين يستحقّونها، في حال اختلاسها؟... لقد فُقد كلّ شيء، ولم يبق لها أثر." ولكن السؤال: كيف ولماذا فُقدت ولم يبق لها أثر؟

هل يمكننا أن نتصوّر أن الحكومات التي أبلغت بهذا الأمر منذ عدّة سنوات، لم تقم بأيّة محاولة لاستعادتها؟

وهناك اعتراض آخر للإجابة على ذلك: "إن حجم هذه المبالغ كبير للغاية

لدرجة استحالة إدخالها إلى الخزينة العامّة دون أن يدري بها أحد !"

وهذا أمر طبيعي وواضح. وكيف يكون الأمر لو جرى الإهتمام بدخول أموال لم تجد أي تفسير لها ؟

*

في هذا المجال، ينبغي علينا أن نبحث من جانب "إطلاق عمليّة القرض الكبير" عام 2010. وفي يوليو 2013، أطلقت عملية قرض إضافيّة بقيمة 12 مليار يورو لبرنامج الإستثمار المستقبلي" أو أيضا "القرض الكبير لعام 2010".

غير أنّ الغريب في الأمر هو أنّ القسم الأوّل من "القرض الكبير"، أيّ 35 مليار يورو، الذي أطلقه "نيقولا سركوزي"، لم يتمّ صرفه بعد كاملا .

وهنا لا بدّ من طرح السؤال التالي: ما هي الأسباب التي دعت الحكومة إلى إطلاق عمليّة قرض إضافيّة دون أن تكون له حاجة ضروريّة؟ ألا يبدو هذا الأمر غريبا وغير مبرّر، خاصّة في مرحلة حرجة من الصعوبات الإقتصاديّة والماليّة.

*

"هل خبأت عمليّة "القرض الكبير" وراءها وسيلة لاستعادة أموال حرب الخليج؟"

هذا أمر ممكن، علما أنّه بموازاة قضية الأموال الضائعة لـ"فرقة داغات"، حصلت عملية قرصنة أثناء إطفاء نار آبار البترول في الكويت عام 1991.

وهنا نجد أنفسنا أمام 22 مليار دولار في ذلك الوقت، أي ما يقابل 55 مليار يورو في زمننا الحاضر.

إنّها "قضيّة بازانو-فرّايا" (Affaire Basano-Ferrayé). فالسيّد "فرّايا" سجّل براءة اختراع لتقنيّة إطفاء آبار البترول الملتهبة، بواسطة الأزوت السائل (أقلّ من 200 درجة سالزيوس) بالتعاون مع خبير المحاسبة "كريستيان بازانو" (Christian Basano).

ومنذ ذلك الوقت، يناضل هذان الشخصان للحصول على الأموال التي دفعتها

دولة الكويت وفقا للعقد الموقّع مع سلطاتها.

تجدر الإشارة إلى أن إسميهما أستخدما لفتح حسابات في سويسرا كي تحوّل إليها مبالغ ضخمة للغاية، لأن "بازانو" اكتشف مليارات من الدولارات محوّلة إلى حساب يحمل إسمه.

كان من المفترض أن يعلن عن ذلك في مايو 2000، في البرنامج التلفزيونيّ "دون أيّ شكّ" (Sans aucun doute) الذي كان يقدّمه ""جوليان كوربات" (Julien Corbet)، ولكن ألغي بثّه في اللحظة الأخيرة ، كما يبدو، بأمر من "دومينيك ستراوس-كاهن" (Dominique Strauss-Kahn)، الذي كان وزيرا للصناعة في زمن حرب الخليج.

*

وهكذا، إذا اضفنا سبع مليارات يورو كتعويضات حرب الخليج (وقد يكون الرقم أكثر من ذلك)، إلى 55 مليار يورو لعمليّة النصب والإحتيال المرتبطة بنيران آبار البترول في الكويت، سنصل إلى مبالغ تسمح بتمويل "القرض الكبير".

في الوقت الحاضر وصلت المبالغ المتوفّرة في "برنامج الإستثمار للمستقبل" إلى حدود 47 مليار يورو.

وهكذا نقترب شيئا فشيئا من الحساب.

ثمّ، ما هو سبب تمويل "القرض الكبير" من الأسواق الماليّة، بينما كان مقرّرا تمويله من إدّخار المواطنين الفرنسيّين الذين كانوا سيفتخرون بإسهامهم في المشاركة بإنماء صناعتهم؟

فتمويل "برنامج الإستثمار للمستقبل" يخفي مخالفات وخروج عن الأصول وانحرافات جسيمة من شأنها أن تغطي على إختلاسات أموال قام بإخفائها سياسيّون ومسؤولون فرنسيّون بعد حرب الخليج.

هذا هو الإفتراض الذي اعتمده الكاتب"أي كيوب" (I-Cube)، الإسم المستعار لـ "L'Incroyable Ignoble Infréquentable"، في قصّته المعنونة (Opération Juliette-Siéra) (5)، التي صدرت في صيف 2010. كشف فيها عن دور ربّان المركب الحربيّ "بول دي بروفيال" (Paul de Bréveuil) الذي تمكن من الحصول على الأموال المودعة في الصندوق

المصرفي البريطانيّ "سولوتري-جارناك" (Solutré Jarnac).
.

فالأموال التي حصل عليها أودعت مباشرة في "القرض الكبير 2010"، الأمر الذي أفرح رئيس الجمهوريّة الفرنسيّ آنذاك وكذلك منظمّة "الـ سي آي أي" (CIA) التي حصلت على 16 مليار دفعتها لها مسبقا دولة الكويت. وهذا ما أسهم في تهدئة خواطر أمير الكويت الذي غضب بسبب عمليّة النصب والإحتيال التي تعرّض لها.

ولا بدّ هنا من متابعة قراءة هذه القصّة...

*

أما مغامرات "بول دي بروفيال" فلم تتوقّف. فقد تتابعت في قصّة "أيادي خفيّة" (Mains invisibles) (6)، التي صدرت في صيف 2014 والتي توصف فيها كيفيّة إطلاق عمليّة جديدة لاستعادة أموال مودعة في 9288 حسابا مصرفيّا تعود لـ"عائلات مميّزة" مؤلّفة من رجال سياسة وموظّفين كبار ما بين 1970 و2009.

وفيها نطّلع عل قصّة (DLK)، الذي يوصف بمصرفيّ الفقراء، كيف وضع ملياري يورو في أحد مصارف هونكونغ – وهي حصّته من الصفقة – وكيف تمكّن "بول دي بروفيال"، متخفيّا باسم مستعار، من الحصول عليها.

كان يأمل (DLK) أن يوظّف هذه المبالغ في صندوق استثماريّ أنشأه شريكه "تياري لويناس" (Thierry Luynes)، ذلك الشخص الذي قفز من شرفة إحدى البنايات في تل أبيب في أكتوبر 2014.

هل تعرّض لصدمة نفسيّة وانهار بسبب إفلاسه أو دُفع به إلى الإنتحار؟

ونكتتشف أيضا في هذه القصّة كيف تحصل داخل مؤسسات الجيش عمليّة تقليص الموازنات وكيف تنتشر بالتالي أنباء "الفضائح" التي تثير التوتّرات وتؤدي إلى محاولات إنقلابيّة على غرار "محاولة إنقلاب كبار الضبّاط" التي جرى ردعها في الساعات الأخيرة قبل وقوعها في 14 يوليو 2014.

على كل حال، ليس هذا كلّه إلا قصّة، ولكن الواقع يتجاوز أحيانا الخيال.

فلا بدّ من قراءة قصّة "الأيادي الخفيّة" التي تكشف عن خفايا غير شريفة وغير لائقة بجمهوريّتنا ونظامها السياسيّ.

*

إن فضيحة إختلاس التعويضات العائدة لفرقة "داغات" أصبحت معروفة كما نشرت على الشبكة الإلكترونيّة، ولا بدّ يوما من أن تكون الأضرار جسيمة للغاية إذا اطّلع الرأي العام على تفاصيلها. حينها ستكون نهاية الجمهوريّة الخامسة.

عندئذ يحتّم علينا الإنطلاق على أسس ديمقراطية جديدة من شأنها وضع حدّ نهائيّ وقاطع مع الأسس التي عرفناها حتّى الآن.

ولكن قبل ذلك، لا بدّ من تصفية ملفّات حرب الخايج لعام 1991، وبالتالي الإعتراف بـ"متلازمة الخليج".

إضافة إلى ذلك، لا بدّ من تركيز الإهتمام على الوعود التي قطعت لجنودنا الذين شاركوا في تلك الحرب بِشأن "مكافأة الحرب".

الفصل الخامس

مكافأة الحرب

من المفترض أن تشكّل "متلازمة حرب الخليج" صدارة الأولويّات التي ينبغي أن تهتمّ بها الحكومة الفرنسيّة، أسوة بما فعلته حكومتا الولايات المتّحدة وبريطانيا.

فعاجلا أم رجلا ستبرز قضيّة تعويضات جنودنا الذين شاركوا في حرب الخليج. إنّ الحلّ الأفضل الذي يرضي جنود "عاصفة الصحراء" هو أن تدفع لهم "مكافأة الحرب" التي لُحظت في بداية النزاع ، إضافة لتعويض الإعاقة.

في الواقع، إنّها ستسمح بتأمين تعويض لكلّ المصابين بمتلازمة حرب الخليج لكونهم "معاقي حرب"، كما أقرّت ذلك الحكومة الأميركيّة. بالنسبة للآخرين، ستكون اعترافا وتقديرا من قبل البلاد مقابل "الخدمة في سبيل الوطن".

من الأفضل أن لا يقولوا لي: المال غير متوفّر لذلك! ولكن أين اختفت "أموال فرقة داغات"؟

فإذا كانت هذه الأموال قد أستعيدت وتمّ توظيفها في "القرض الكبير 2010"، كما يخبرنا بذلك "I-Cube" في روايته (Opération Juliette-Siéra)، فإنّ الأمر يصبح سهلا لتحويل هذه الأموال إلى وزارة الدفاع.

لقد أخذت قضيّة "مكافأة الحرب"، الموعودة والتي لم تدفع قط، تقلق صفوف المحاربين القدامى. وللدلالة على ذلك، يكفي الإطّلاع على الرسائل الإلكترونيّة

المرسلة من قبل هؤلاء المحاربين إلى قصر الإليزيه، إلى الوزارات المختصّة، إلى المجلس الدستوريّ، والمتوفّرة كلّها على موقع "التحذير الأخلاقي".

وكمثال على ذلك، ننشر هنا ما كتبه حول هذا الأمر السيّد "فنسانت فيلموايهالا" (Vincent Filmoehala) أحد قدامى العمليّات العسكريّة الخارجيّة (OPEX) :

"بدأت القضيّة تُثار في مركز (137°RI-CMFP de Fontenay) حيث كنت أتابع دورة إعادة تأهيل مع زملائي العسكريّين – قدامى المحاربين – في حرب الخليج الأولى عام 1991. آنذاك، أُستدعيت إلى إدارة الكتيبة في إطار موضوع التعويضات، وذلك في حضور السلطات العسكريّة الآتية من باريس. فكنّا الدفعة الأولى من جنود فرقة "داغات"، الذين أُعلموا بشأن التعويضات.

وقد تمّ ذلك تطبيقا لوعد الحكومة آنذاك في عهد "فرانسوا ميتران"، والمتعلّق بأن تدفع لنا تلك التعويضات عن حرب الخليج حال عودتنا إلى فرنسا.

أعلمتنا وحداتنا الإداريّة بوجود مذكّرة عامّة موجّهة إلى كلّ جنديّ شارك في عمليّة "عاصفة الصحراء"، خاصّة أفراد ‹فرقة داغات› العسكريّة. في تلك المذكّرة طلب من كلّ جنديّ قسيمة "ريب" (RIB) بتاريخ الإستدعاء إلى الكتيبة العسكريّة. وكان ذلك خلال شهري أغسطس وسبتمبر من العام 1992.

في ذلك اليوم وصل عددنا إلى ما يقارب الثلاثين جنديًا، تقدّمنا إلى المكتب الإداريّ. فطلبت منّا قسيمة الـ"ريب"، وكذلك التوقيع، علما أنّ المبلغ العائد إلينا تجاوز 550.000 فرنك. ,قد تمّ ذلك بحضور ضبّاط كبار جاؤوا خصّيصا من باريس للإشراف على توزيع تعويضات حرب الخليج، كما أعلمنا آنذاك.

وهكذا جرى التأكيد لنا على ان المبلغ العائد لكل جنديّ سيحوّل إلى حسابه الشخصيّ قبل نهاية العام 1992 أو في بداية العام 1993.

لقد كنّا أكثر من عشرين عسكريًا من أفواج ودرجات مختلفة، من بينهم الكابورال "برنارد ل."، و"كريستيان برودهوم" (الذي توفي لاحقا.

في بداية 1993، تلقّيت إتّصالا هاتفيًا في الصباح الباكر من صديقي برنارد ل. من الفوج الثاني في مشاة البحرية يعلمني فرحا، بتحويل تعويضاته إلى حسابه المصرفيّ، وأنّها تتجاوز الـ 600.000 فرنك، أي 200.000 يورو حاليًا.

وهكذا ودون تردّد، ذهبت في تمام الساعة العاشرة من صباح ذلك اليوم إلى البنك، حيث استقبلتني المستشارة المسؤولة عن حسابي. فأعلمتني بأنّ حوالة التعويضات وصلت إلى حسابي، ولكن هناك "مشكلة معقدة" بسببها.

أخبرتني بهدوء أنّ شخصا نافذا وصل ذلك الصباح عند بدء العمل وأعطى أمرا لمدير فرع البنك بتجميد حسابي. كانت تلك المستشارة متأثرة وحزينة جدًا، لأنّها لم تفهم القرار المتّخذ دون أي سبب وجيه، إذ كانت تواجه المرّة الأولى حالة من هذا النوع.

وحال عودتي إلى منزلي فوجئت باتّصال هاتفيّ من مجهول يحذّرني من نشر أي خبر عن ملفّي وهدّدني بضرورة ردّ المبلغ المحوّل إلى حسابي. كما ذكّرني بأنّي ربّ أسرة ولديّ أطفال ومن المحتمل أن يتعرّضوا جميعا لمأساة. حالا أدركت أنّ الأمر خطير للغاية، فخفت كثيرا على حياتي وعلى حياة أفراد أسرتي.

وبعد ذلك، إتّصل بي صديقي "برنارد ل."، وأعلمني بتلقّيه هو أيضا إتّصالا هاتفيًا من مجهول قام بتهديده. ولكنّه لم يذعن لذلك، إذ قرّر سحب تعويضاته حالا لأنها تشكّل مكافأة له على خدمة أدّاها في سبيل الوطن.

وقد علمت بعد ذلك من رفاق عسكريّين بأنّهم نجحوا في سحب مكافآتهم سريعا دون ترك عناوينهم كي لا يتعرّضوا لتهديدات كما حصل معي.

ومنذ ذلك الحين، انقطعت أخبار "برنارد ل.". وكلّ الذين قبضوا تعويضاتهم وجرى تهديدهم بإعادتها.

لقد عشت ذلك الحدث بألم وحسرة وإذلال... وحتّى اليوم، وبعد مرور 24 سنة على ذلك، ما زلت أعاني من هذا الإذلال. فبعد تأدية خدمة في

سبيل الوطن، فرض علينا العيش طيلة حياتنا في حالة من الذعر والقلق الدائم.

إضافة إلى ذلك، برزت "متلازمة حرب الخليج". في تلك الأثناء، فارق العديد من رفاقي هذه الدنيا دون اي اعتراف بجميلهم وبخدماتهم، تاركين وراءهم أسرهم في حالة من العزلة والقلق على مصيرهم.

لا بدّ هنا من الإشارة إلى أنّ كبار الضبّاط الذين أتوا من باريس لإعلامنا بالتعويضات العائدة لنا، قاموا بتلك المهمّة بعد موافقة رئيس الوزراء آنذاك، "بيار بيريغوفوا".

ولكن، بعد انتحاره، توقّف تماما الإهتمام بهذا الأمر ولم تعد تدرج هذه القضيّة إطلاقا على أيّ جدول أعمال. إنّه لأمر مقلق للغاية! حصل هذا الإنتحار بعد تهديدات عديدة أطلقت في بداية عام 1993 ضد العسكريّين وعائلاتهم. وتلخّصت هذه التهديدات حول إعادة المبالغ التي حوّلت لأصحابها، مقابل حفظ حياتهم!... هذا أمر خطير لم يحصل قبل ذلك. فهو يحتاج إلى توضيح وإلى إعلام الرأي العام به، وإجراء تحقيقات حوله.

بعد عودتنا، أستطيع القول بأنّ هذا الأمر سبّب لنا امتعاضا شديدا، إذ استاء عدد كبير من الجنود عند اكتشافهم عدم الوفاء بالوعود التي أطلقها المسؤولون السياسيّون. وهكذا خيّم يأس شديد وخيبة أمل مريرة لدي جميع أفراد "فرقة داغات".

أما نهاية القصّة فحزينة ومقلقة، فهي تتعلّق بالرقيب الأوّل سابقا في الجيش "كريستيان برودهوم" في مركز (137°RI-CMFP de Fontenay). كان "كريستيان" من بين الجنود الذين جرى إستدعاؤهم كيّ تحوّل على حساباتهم المصرفيّة تعويضات حرب الخليج. لقد عرفته عن كسب، فخدمنا معا في نفس الكتيبة عام 1992.

فغداة الإستماع إلى اعترافاته في إحدى سرايا الدرك، وُجد "منتحرا" (منحورا) في منزله. غير أنّ أسرته لم تقبل أبدا حجّة موته "منتحرا".

*

قصّة مرعبة تذكّرنا بـ"بيار بيريغوفوا" الذي ترأّس الحكومة الفرنسيّة في

أبريل 1992، بعد استقالة "آديت كريسون" (Edith Cresson)، وبقي في هذ المنصب حتى مارس 1993. وقد وضع حدّا لحياته في الأول من مايو 1993.

أليست كلّ هذه الأحداث غريبة؟! أليس من شأنها أن تدفع إلى اكتشاف بصيص من النور حول "انتحار" بيار بيريغوفوا"، و"فرانسوا دي غروسوفر"، و"جان أيدرن-هليار"، وغيرهم أيضا.

ماذا حصل فعلا؟

لإدراك بعض الأمور، لا بدّ من العودة إلى الخطاب عن السياسة العامّة الذي ألقاه "بيار بيروغوفوا" في الثامن من أبريل 1992 في مجلس النوّاب الفرنسيّ، إذ قال فيه حرفيّا:

"تحوم الإشاعات عن بعض رجالات الدولة بأنّهم جمعوا ثروات ضخمة بطريقة غير شرعيّة. فإذا كانوا أبرياء، ينبغي إسقاط كلّ الشبهات عنهم. وإن كانوا مذنبين، فينبغي معاقبتهم. في كلّ الأحوال ينبغي على العدالة أن تأخذ مجراها... التحقيقات ستأخذ مجراها حتى النهاية، طالما هناك أعمال إختلاسيّة قام بها أناس في سبيل الإثراء غير المشروع... فإذا كانت هناك ملفّات متروكة جانبا، ثِقوا بأنّها لن تبقى على هذا الحال."

هذا الخطاب جاء بمثابة "إعلان حرب" حقيقيّة على الفساد. فما الذي دفع بـ"بيار بيريغوفوا" إلى نصب هذا الفخّ لنفسه؟

للإجابة عن هذا السؤال، لا بدّ من التذكير ببعض المعطيات السابقة. في خريف 1992، أي ستة أشهر عقب ذلك، أستدعي المحاربون القدامى في حرب الخليج لإبلاغهم عن دفع تعويضات الحرب العائدة إليهم. وفي فبراير 1993، أي بعد مرور سنة على خطاب "بيار بيريغوفوا" في مجلس النوّاب، بدأت عمليّة دفع تعويضات حرب الخليج لمن يستحقّها، ولكنّها توقّفت سريعا بحجّة عدم توفّر أموال في الخزينة لدفعها لأصحاب الحقّ ... إذا الأموال اختفت...

كانت المبالغ ضخمة للغاية كي تدفع لـ 12.000 جنديّ، بمعدّل 200.000 يورو لكل واحد منهم، أي ما يعادل مجموعه مليارين و400 مليون يورو ، حسب التقدير الحاليّ...

من أين تؤخذ هذه الأموال؟ من أيّة موازنة؟ ... هنا عمّ الذعر في وزارة المال... فأموال الخليج لم تحوّل إطلاقا ولم تدخل قطّ إلى صندوق المال العام.

وهذا الأمر أصبح عرضة للإنفجار ولكشف الفضائح أمام الرأي العام.

فأوّل من اكتشف هذا الأمر المرعب كان رئيس الوزراء آنذاك "بيار بيريغوفوا"، هذا السياسيّ الإشتراكيّ الآتي من الطبقة الدنيا، والذي عاش شريفا في أعماله وتصرّفاته. إنّ انتفاضة لا مهرب منها دفعت بـ "فرانسوا ميتران" (Mythe-Errant) إلى الإبتعاد عن وزيره الأوّل، كما جاءت نتائج الإنتخابات التشريعيّة آنذاك مخيّبة لميتران وللحزب الإشتراكي الفرنسي، فجرى تغيّير الحكومة وابتعد "بيار بيريغوفوا" عن الحكم.

في الأوّل من شهر مايو 1993، "إنتحر "بيار بيريغوفوا"، أي بعد شهرين من اكتشاف وزارة المال ووزارة الدفاع عمليّة إختلاس أو إختفاء "مليارات حرب الخليج العائدة لفرقة داغات".

وبعد مرور سنة على ذلك، أيّ في السابع من أبريل 1994، وُجد "فرانسوا دي غروسوفر"، مستشار فرنسوا هولاند وصديقه الخاص، "منتحرا" في مكتبه في قصر الإليزيه... أليس لنفس السبب؟

في أيّ بلد نحن إذا؟

هل من المحتمل والمعقول أن يقوم كبار المسؤولين المنتخبين في الدولة باختلاس المليارات دون عقاب؟... هل من المحتمل أن يُقضى على رئيس حكومة، شريف، آدميّ، فقط لأنّه إنتفض ضد بنية مافياويّة ليست سوى الحزب السياسي الإشتراكي الذي ينتمي إليه؟

هل يُعقل تهديد جنود قاموا بواجبهم وطالبوا بحقوقهم في بلد يزعم أنّه "بلد حقوق الإنسان"؟

كم من الوقت سيدوم هذا الحال؟

التوتّر يتصاعد شيئا فشيئا في صفوف الجيش لأسباب عديدة "والفضيحة" قادمة لا محالة.

إنّ ملفّ "المليارات المختفية العائدة لفرقة داغات" تنكشف خيوطه يوما بعد يوم منذ الفصل الأول من عام 2015، من خلال توجيه رسائل ووثائق إلى كلّ من رئيس الجمهوريّة ووزراء المال والدفاع والمجلس الدستوري وكذلك إلى

"المدافع عن الحقوق".

الفصل السادس

رسائل إلى رئيس الجمهوريّة

ليس هذا الكتاب سوى ملخّص لما يتضمنه موقع "تحذير أخلاقيّ" الذي يجمع أكثر من 350 مذكّرة في حوالي ألفَي صفحة. ومن الصعب أيضا تكوين فكرة عامّة عن ملفّ "المليارات المفقودة العائدة لفرقة داغات"، نظرا لكثرة الوثائق والتحليلات والإنتقادات والإقتراحات المتوفّرة في هذا الموقع.

لذا، رأيت من المستحسن إعطاء القارئ إمكانيّة ليكتشف سريعا هذه القضيّة من خلال جمع المعلومات الأساسيّة في كتاب ميسّر.

من بين الرسائل المهمّة التي تجدر الإشارة إليها، اخترت البعض منها، خاصّة تلك الموجّهة إلى رئيس الجمهوريّة من قبل جنود شاركوا في فرقة "داغات" في حرب الخليج.

فيما يلي رسالتان وجّههما "أتاما تويغاسيال" (Atama Teugasiale)، وهو جنديّ سابق في الفوج الثاني من مشاة البحريّة.

من السيّد "أتاما تويغاسيات" إلى السيّد "فرانسوا هولاند"، رئيس الجمهوريّة الفرنسيّة
تاريخ 19 نوفمبر 2014
الموضوع: تعويضات حرب الخليج

السيّد رئيس الجمهوريّة

بعد توجيه كتاب إلى رئيس حكومتكم (نسخة مرفقة عنه)، وكذلك إلى وزير الموازنة، ونظرا لعدم تمكّني من تسليمكم رسالتي مباشرة لدى زيارتكم لمقاطعة "كاليدونيا الجديدة" في 17 نوفمبر 2014، أسمح لنفسي بإرسال هذا الكتاب مباشرة إلى سيادتكم طلبا لمعرفة مصير تعويضات حرب الخليج المختلسة والتي دفعتها دولة الكويت لفرنسا.

أذكّر ، بالرغم من الخطوات العديدة التي قام بها منذ يونيو 1998 وإلى اليوم السيّد "جان-شارل ديبوك" وهو ربّان طائرة سابق في شركة الطيران الفرنسيّة والمشرف على موقع "تحذير أخلاقي"، بأنّه لم يصدر عن الوزارات المختصّة أيّ تكذيب للإتّهامات التي أثارها بهذا الشأن ورفعها للمسؤولين.

فمكافأة الحرب التي أقرّت لمن شارك في ذلك النزاع، لم تحوّل إطلاقا لأصحابها رغم وعود في ذلك الوقت. غير أنّ بعض الجنود دُفعت لهم وتسلّموها، ولكنّهم أضطروا لإعادتها بعد فترة قصيرة، دون معرفة السبب.

والأخطر من ذلك هو إصابة بعض الجنود بـ"متلازمة حرب الخليج" بسبب تنشّقهم جزئيّات من اليورانيوم الخفيف الشدّة في بعض مناطق النزاع. فبعضهم توفي إثر ذلك (مرفق ربطا وثيقة إعتراف الأمّة بذلك لأحد إخوة السلاح). وللأسف لم تعترف الحكومة الفرنسيّة رسميّا حتّى الآن بهذا المرض.

قلتم في خطابكم في مركز "تيجابو" الثقافي، بأنّكم "تؤمنون بقوّة الحوار والإحترام". فهل يحقّ لنا أن نأمل بأنّكم ستدعمون قيام تحقيق حول هذه القضيّة فتضعوها للنقاش على جدول أعمالكم كي يطّلع كلّ مواطن على حقيقتها؟

لذلك باسم جميع رفاقي المحاربين القدامى، الموتى والأحياء، وعائلاتهم، وزوجاتهم، وأراملهم، واولادهم، واليتامى منهم، ونظرا إلى ما أستنتج من سؤ تصرّف وإدارة لهذا الملفّ، يشرّفني أن أتوجّه إليكم متوسّلا مساعدتكم لاستعادة حقوقنا كي تنجلي الحقيقة حول إختلاس الأموال.

سيّدي الرئيس، أنا أدرك جيّدا أن الطلبات الموجّهة إلى سيادتكم كثيرة. غير أنّني رجل عادي في الميدان وأنتم خادم الجمهوريّة وحارس حقوقها، ولي ثقة كبيرة في حسن تدبيركم وإدارتكم لشؤون الأمّة والمواطنين.

وبانتظار جوابكم، تفضّلوا يا سيادة الرئيس بقبول فائق الإحترام.

"أتاما تويغاسيات"

مرفق ربطا:
- رسالة إلى رئيس الحكومة
- جواب وزير الإقتصاد
- وثيقة الإعتراف بالمرض.

أما جواب قصر الآليزيه فجاء كالآتي:

مدير ديوان رئيس الجمهوريّة
إلى السيّد "أتاما تويغاسيات"
تاريخ 3 ديسمبر 2014

سيّدي

أعلمكم بوصول الكتاب الذي وجّهتموه إلى السيّد رئيس الجمهوريّة. نظرا لحرصه وإدراكه لما يعاني منه الفرنسيّون وتشديده على التبادل والحوار مع المواطنين، فقد كلّفني بالاهتمام بالموضوع الذي أثرتموه في هذا الكتاب.
لذا رفعت الأمر إلى السيّد وزير الدفاع الذي سيتّصل بكم ويعلمكم عن مسار هذه القضيّة.

وتفضّلوا بقبول افحترام.

إيزابيلا سيما

إنّ وزارة الدفاع على علم واسع بهذا الأمر، نظرا للرسائل العديدة التي وُجّهت

إلى رئاسة الجمهوريّة، ووزارة المال، والمجلس الدستوري و"المدافع عن الحقوق". وكان نفس الجواب يأتي من الجميع قائلا: "حوّلنا الأمر إلى وزارة الدفاع"، وهذا في الواقع أمر منطقيّ. ولكنّ سكوت وزارة الدفاع حول هذا الملفّ ليس منطقيّا على الإطلاق.

ونظرا لعدم تلقّي السيّد "أتاما تويغاسيات" أيّ جواب عن هاتين الرسالتين الموجّهتين إلى رئيس الجمهوريّة، وجّه إليه رسالة ثالثة.

من السيّد "أتاما تويغاسيات" إلى السيّد "فرانسوا هولاند"، رئيس الجمهوريّة الفرنسيّة
تاريخ 21 يوليور 2015
الموضوع: تعويضات حرب الخليج

السيّد رئيس الجمهوريّة

وجّهت إلى فخامتكم رسالتين بالبريد المضمون، الأولى بتاريخ 19 ديسمبر 2014، والثانية بتاريخ 12 فبراير 2015، وبقيَتا دون جواب. لذلك سمحت لنفسي بالعودة مجدّدا لتوجيه رسالة ثالثة حول نفس الموضوع.

سعيا إلى تحسين العمل في نظامنا الديمقراطي وأمام جسامة إختلاس أموال عامة من قبل الحكومة في زمن الأحداث، أعتبر، باسم جميع المحاربين القدامى في فرقة داغات، أنّ حقيقة ما حدث لم تبلّغ لأصحاب العلاقة وللرأي العام. فليكن معلوما لدى فخامتكم بأنّ الصدى الإعلاميّ لعملية الفساد هذه سيكون له إنعكاس خطير جدّا لدى الرأي العام الفرنسي والأوروبيّ.

أمام العدد الكبير من الجنود الذين شاركوا في تلك العمليّة، وقد لقي بعضهم حتفه، أعتقد أنّه من واجب العدالة أن تفتح تحقيقا رسميّا في سبيل إيجاد هذه الأموال المختلسة والتي كانت عائدة إلى قدامى حرب الخليج، وذلك لإحياء ذكراهم وردّ الإعتبار لذويهم، وأيضا للجنود المصابين بمتلازمة حرب الخليج التي لم تعترف بها الدولة بعد.

لهذا السبب وبالإستناد إلى المادّة 40 من قانون أصول المحاكمات الجزائيّة، سأجد نفسي ملزما بتقديم شكوى ضدّ "مجهول"، متّخذا صفة

الإدّعاء بالحقّ المدنيّ، إن لم يتّخذ أي إجراء لمتابعة هذه القضيّة. وإذا اقتضى الأمر، سيكون من واجبي، كمحارب قديم، وكضحيّة لهذا الظلم، كشف النقاب عن هذه القضيّة على كلّ الأصعدة. فالمعلومات الواردة أعلاه تستدعي تحقيقا مفصّلا عن هذا الملفّ الشائك والمحرج.

تعرفون جيّدا، سيّدي الرئيس، أنّ المسؤول السياسيّ ليس فوق القوانين، وأنّ انعدام السلوك الأخلاقيّ يفرض ملاحقة أيّ مواطن في الجمهوريّة، خاصّة إذا كان ممثّلا للشعب.

من جهة أخرى، يتميّز هذا الفساد بخيانة عظمى من قبل الفعاليّات ذات العلاقة بهذا الأمر، وذلك لكونه عمل مقيت للغاية تجاه الجنود والديمقراطيّة.

أذكّركم أن استطلاع رأيّ قام به "المعهد الإقتصاديّ للأعمال" (Institut Economique Affaire, IEA)، خلال العام 2006، يفيد بأنّ فرنسا هي البلد الأكثر فسادا بين البلدان الصناعيّة على مستوى رؤساء الجمهوريّات والحكومات.

أختم هذه الرسالة مذكّرا بالظروف الغامضة التي رافقت "انتحار" رئيس الحكومة الفرنسيّة، "بيار بيريغوفوا". في خطاب له أمام مجلس النوّاب، عندما أراد التصدّي للفساد. يا لها من جرأة رائعة. لقد كان هذا الرجل عمليّا، متفهّما، مضطلعا على حقيقة ملفّ تعويضات حرب الخليج، وموافقا على دفع مكافأة الحرب لأصحابها. وللأسف، غادرنا هذا الرجل قبل الأوان إلى دنيا الآخرة.

بموازاة ذلك، جاء انتحار "فرانسوا دي غروسوفر" في مكتبه في قصر الاليزيه، ليزيد الطين بلّة. فكم من الأسرار الغامضة ذهبت معه!

سيّدي الرئيس، كما ذكرت لكم في رسالتي المؤرخة في 19 ديسمبر 2014، يشرّفني أن أكرّر الطلب إلى فخامتكم كي تستقبلوا وتستمعوا إلى كلّ من السيّد "فينسانت فيلموآهالا"، وهو محارب قديم وممثّل للمحاربين القدامى في حرب الخليج، وكذلك السيّد "جان-شارل ديبوك". فهما شاهدان رئيسيّان على هذه القضيّة الخاصّة بالدولة، من شأنهما توفير توضيحات وإثباتات كافية تؤكد على أنّ تلك التعويضات كانت عائدة لقدامى المحاربين في حرب الخليج. بالرغم من عزمهما الشديد

على متابعة كل نشاط إعلامي للكشف عن هذه القضيّة، فإنّ وزارة الدفاع بقيت حتّى يومنا هذا صامتة، لم تحرّك ساكنا.

لماذا هذا الصمت المطبق؟ هل نعيش فعلا في بلد ديمقراطيّ؟ هل حريّة التعبير مراقبة إلى هذا الحدّ؟ وما هي الأسباب المبرّرة؟ هل المساواة بالحقوق مضروبة بعرض الحائط من قبل السيّاسيّين؟ هل هم فوق القانون؟
هل ما زالت الأخوّة بين الجيش والشعب قائمة؟ هل الوطنيّة ما زالت الدرع الوحيد؟
في هذه الحالة بالذات، ماذا يفعل كبار ضبّاطنا الذين شاركوا إلى جانب الحلفاء في تلك الحرب؟ هل هم أيضا متواطئون ومشاركون في عملية الإختلاس هذه؟

ليكن معلوما لدى فخامتكم، ففي حال عدم الحصول على جواب من "وسيط الجمهوريّة"، كملجأ أخير، فإنّ السيّد "فيلموآهالا" سيضطرّ إلى الإدعاء أمام القضاء كي يحصل على حقوقه.

ومن جانب آخر، إنّ السيّد "جان-شارل ديبوك" الذي نشر كتاب "المليارات المفقودة العائدة لفرقة داغات"، الطبعة الأولى، يناير 2015، تجرّا وفضح كلّ هذه الأعمال، إذ أرسل بين العام 1998 و2014 عدّة رسائل ووثائق تذكّر باختلاس هذه الأموال، إلى وزراء المال وكبار الموظفين. ولم تجد آذانا صاغية. فلا جواب ولا استنكار ولا نفي من قبلهم. هل يعقل في الجمهوريّة الفرنسيّة أن تهمل لهذا الحدّ حقوق المحاربين القدامى؟

في احتفال العيد الوطنيّ، قدّمتم التهاني لمختلف الوحدات التي تشارك حاليًا في عمليّات خارجيّة، ولكنّ هذه المناسبة كانت فرصة سانحة للتذكير بالتضحيات والتفاني التي عبّر عنها ميدانيّا المحاربون القدامى في حرب الخليج.

إليكم قائمة بالرسائل والوثائق التي أرسلت حتّى الآن إلى كلّ من:
● "مفرزة المراقبة والمباحث" في 22 فيراير 1998 في مدينة "لو هافر"
● "جان-باسكال بوفرات" (Jean-Pacal Beaufret) المدير العام

لمديريّة الضرائب، في 2 يونيو 1998.

- "دومينيك ستراوس- كاهن"، وزير المال، في 8 يونيو 1998
- "دومينيك ستراوس- كاهن"، وزير المال، في 29 أغسطس 1998
- "دومينيك ستراوس- كاهن"، وزير المال، في 29 نوفمبر 1998
- "كريستيان سوتّر" وزير المال، في 27 ديسمبر 1999
- "كريستيان سوتّر" وزير المال، في 21 فبراير 2000
- "لوران فابيوس"، وزير المال والصناعة، في 3 ابريل 2000
- "لوران فابيوس"، وزير المال والصناعة، في 13 يونيو 2000
- "لوران فابيوس"، وزير والمال والصناعة، في 20 يوليو 2000
- "لوران فابيوس"، وزير المال والصناعة، في 29 يناير 2001
- "كريستين لاغارد"، وزيرة المال، في 20 يونيو 2008
- "كريسنين لاغارد"، وزيرة المال، في 14 أغسطس 2009
- "بيار موسكوفيتشي"، في 29 يناير 2014.

سيّدي الرئيس

إيمانا منّي بالقيم الجمهوريّة، أتشرّف باسم جميع رفاقي الذين هم في الخدمة والمتقاعدين والجرحى والمتوفين، طالبا فتح تحقيق رسميّ بهذه القضيّة.

كما آمل أن تتكرّموا باستقبال السيّد "فنسانت فيلموآهالا" الممثّل لقدامى المحاربين، والسيّد "جان-شارل ديبوك"، واضع وناشر الكتاب المشار إليه أعلاه، كما أضع نفسي بتصرّفكم لتقديم أيّة معلومة إضافيّة.

وبانتظار جوابكم، تفضّلوا يا سيادة الرئيس، بقبول فائق الإحترام.

الموقع: "آتاما تويغازيال"

ملاحظة: قبيل الإنتهاء من وضع اللمسات الأخيرة على ترجمة هذا الكتاب، علمنا بتحرّك جديد قام به "آتاما تويغازيال" غداة انتخاب رئيس جديد للجمهوريّة الفرنسيّة وتشكيل حكومة جديدة وانتخاب مجلس نوّاب جديد. فقد بادر بإرسال رسائل إلى كلّ من رئيس الجمهوريّة المنتخب "إيمانويال ماكرون"، وإلى رئيس الحكومة "إدوارد فيليب"، وكذلك إلى وزيرة القوّات المسلّحة السيّدة "فلورنس بارلي"، يذكّرهم فيها

بتعويضات حرب الخليج العائدة للمحاربين القدامى الذين شاركوا في حرب الخليج عام 1991، والتي لم توزّع عليهم بسب اختلاسها في عهد الرئيس "فرانسوا ميتران" والسكوت المطبق حول هذه القضيّة من قبل معظم المسؤولين في الإدارات المختصّة. يستطيع القارئ الإطلاع على هذه الرسائل المنشورة في موقع "التحذير الأخلاقي" (Alerte éthique).

تجدر الإشارة إلى أنّ محاربينا القدامى يتحلّون برباطة البأس والثبات وصفات الجندي المتفاني. كما يتمّ سريعا تناقل الخبر عن هكذا قضيّة بين صفوفهم، في مطاعم الجيش، وكذلك عبر المواقع الإجتماعيّة. ولكن إلى متى؟...ألا نحتاج إلى كاتب عريق من خميرة "آميل زولا" (Emile Zola) لتفجير هذه الفضيحة؟

الفصل السابع

يا "زولا"!... عُد إلينا !...
لقد فقدوا صوابهم !...

في 13 يناير 1898، نشر "آميل زولا" رسالة مفتوحة على الصفحة الأولى من جريدة "الأورور" (L'Aurore) ، وجّهها إلى رئيس الجمهوريّة، متّهماً فيها الحكومة آنذاك بعدائها للسّاميّةعبر قضيّة "درايفوس" (Dreyfus).

رغم اختلاف موضوع تلك الرسالة ــ أي عداء السّاميّة من قبل كبار الضبّاط في هيئة الأركان ــ عن الحالة التي نعالجها، نستطيع بعد مرور 117 سنة على تلك الرسالة أن نقتبس منها بعض الفقرات وتضمينها في الرسائل التي يوجّهها إلى رئيس الجمهوريّة الجنود القدامى الذين شاركوا في "عاصفة الصحراء" بشأن المليارات المفقودة لفرقة داغات وكذلك حول موضوع "متلازمة حرب الخليج".

رسالة إلى "فليكس فور"، رئيس الجمهوريّة

... أي وصمة عار تُلصق باسمكم ــ عفوا تُلصق بعهدكم ــ قضيّة "درايفوس" المشينة! لقد تجرّأ مجلس الحرب تبرير "آسترهازي" (Esterhazy)، وهي ضربة قاسية لكل حقيقة ولكل عدالة.
في النهاية ستبقى هذه الدناسة وصمة عار في تاريخ فرنسا، وسيثبت هذا التاريخ اقتراف هذه الجريمة الإجتماعيّة النكراء في عهدكم.
كما تجرأوا، سأتجرأ أنا أيضا وأقول الحقيقة، كما وعدت بقولها، إذا لم تقم العدالة بنطقها كاملة وبشكل قاطع لا غبار عليه.
من واجبي أن أتكلم ولا أريد إطلاقا أن أكون متواطئا مع أحد. وإلا

59 "

سيلازمني ليلا ونهارا، شبح هذا البريء الذي يتعرّض لأقسى انواع التعذيب، بسبب جريمة لم يقترفها.

فإلى سيادتكم أرفع صوتي صارخا في قول الحقّ من أعماق أحشائي تعبيرا عن سخطي وغضبي كإنسان شريف. وأنا مقتنع بأنّكم تجهلون هذه الحقيقة.

لمن أشكو هذا الفساد اللعين الذي اقترفه مجرمون حقيقيّون، إن لم يكن إلى سيادتكم، أنتم القاضي الأوّل في البلاد؟!

فعندما يبلغ مجتمع ما هذا المستوى من الأخلاق، عندئذ لا عجب إن تعرّض للإنهيار والإنحطاط...

إنّها لجريمة أيضا أن تشارك الصحافة بها، وأن تدعمها كل السفالة في باريس، وأن نرى هذه السفالة تخرج منتصرة بوقاحة على القانون وعلى النزاهة الشريفة.

إنّها لجريمة أن تُتّهم فرنسا بهكذا جريمة ويحلّ الإضطراب في صفوف أبنائها الذين يريدونها رائدة كريمة على رأس الأمم الحرّة والعادلة، عنما تقوم هي بإعداد مؤامرة دنيئة لفرض خطأ على مرأى من العالم أجمع.

إنّها لجريمة من شأنها تضليل الرأي العام واستخدامه عند الحاجة القذرة وإفساده إلى حدّ الجنون.

إنّها لجريمة من شأنها تسميم صغار القوم وبسطائه، وتهييج غرائز الإنفعال وعدم التسامح، من خلال الإحتماء وراء عداء الساميّة المشين الذي سيقضي على فرنسا الحرّة، موطن حقوق الإنسان، إن لم تستدركوا هذا الخطر البغيض والإبتعاد عنه.

إنّها لجريمة عندما تستخدم الروح الوطنيّة في أعمال الحقد.

إنّها لجريمة أيضا أن نجعل من الخنجر معبودا عصريّا، في الوقت الذي تتكاتف فيه العلوم الإنسانيّة وتتعاون لتوطيد قيم الحقّ والعدالة.

لقد ناضلنا بشغف كبير في سبيل هذا الحقّ وهذه العدالة. فأي بؤس يؤرقنا من رؤيتهما عرضة للإستهتار والإستنكار الشديدين!

هذا الحال لا يدفعني قطّ إلى اليأس من إحلال النصر. فأنا متأكّد للغاية بأنّ الحقيقة ستنجلي ولن تتوقف.

انطلاقا من هذا اليوم سيبدأ جلاء معالم هذه القضيّة. فبينما يعمل المذنبون في التعتيم على خيوط مكوّناتها، ستواظب العدالة وتُبذل الجهود للكشف عن خفاياها الحقيقيّة.

قلت سابقا وأكرّر اليوم نفس الكلام: عندما نطمر الحقيقة ونخفيها تحت الأرض، لا بدّ من أن تتجمّع وتتضخّم حتّى الإنفجار. في اليوم الذي تنفجر فيه، سيتفجّر كلّ شيء في طريقها. وهكذا نحضّر، آجلا أم عاجلا،

لكارثة رهيبة للغاية.

فالذين أوجّه إليهم الإتّهام، لا أعرفهم ولم ألتق بهم من قبل ولا أكنّ لهم حقدا أو ضغينة. فليسوا بالنسبة لي سوى كيانات وعقول شرّيرة مريضة مضرّة لنسيجنا الإجتماعي. أما البادرة التي أقوم بها الآن ليست سوى وسيلة ثوريّة لتسريع تفجير معالم الحقيقة وتحقيق العدالة. لا همّ لي ولا هدف سوى كشف النقاب عن هذه المأساة باسم الإنسانيّة التي تألّمت كثيرا ويحقّ لها العيش برغد وصفاء. وما احتجاجي هذا إلّا صرخة نابعة من أحشائي. فلا بأس إن قُدّمت للمحاكمة أمام محكمة التمييز! فليأخذ التحقيق مسيرة علنيّة كي يطّلع القاصي والداني على خفايا هذه الجريمة. فانا بانتظار هكذا محاكمة. وتفضّلوا يا سيادة الرئيس بقبول فائق الإحترام.

آميل زولا

هذه الرسالة المؤثرة للغاية دفعتني إلى أن أكتب في رسالة وجّهتها في 16 يناير 2015 إلى رئيس الجمهوريّة ما يلي:

"لقد أعلمتم من خلال كتاب رفعته إلى الوزير "ميشال سابان" (Michel Sapin) في 15 ديسمبر الماضي، أتّهمت فيه "فرانسوا ميتران"، رئيس سابق للجمهوريّة، باختلاسه، مع بعض المتواطئين معه، الأموال التي حوّلت إلى فرنسا من قبل الكويت والسعوديّة ودولة الإمارات العربيّة، كتعويضات للقوّات الفرنسيّة التي شاركت في عمليّة "عاصفة الصحراء". فالمبلغ الذي جرى اختلاسه يقدّر بالقيمة الحالية بسبعة مليارات يورو، ولربما بكميّة مضاعفة حسب مصادر وزارة الدفاع."

وللأسف، أنا لست الكاتب "آميل زولا" وليس لي نفس التأثير على الرأي العام، ولا القدرة الفكرية، ولا الشهرة. لذلك لم تلق رسائلي حتّى الآن أي صدى لدى الجهات الرسميّة المختصدّة. فكم من الوقت ستدوم هذه الحالة، بينما الإشاعات تتكثّف في صفوف الجيش، سواء في الإجتماعلت أو المطاعم العسكريّة، أو على أرض الواقع، أو خلال العمليّات التي تشارك فيها قوّاتنا المسلّحة.

ما زلنا بانتظار جواب من قصر الرئاسة، علما أن مختلف الرسائل التي أرسلت إلى المسؤولين في الدولة متوفّرة على شبكة الإنترنت... والمؤلم أيضا

أنّ الصحافة ومختلف وسائل الإعلام تلتزم الصمت حيال هذه القضيّة. حتّى هيئة أركان القوّات المسلّحة مرتاحة لما نقوم به ولكنّها تلازم الحياد باعتبار أنّها لا تتدخّل بالشأن السياسي. أما كبار المسؤولين في وزارة المال فيخشون انفجار العاصفة، كما يخشى السياسيّون على مؤسسات الدولة.

كشف النقاب عن هذه الفضيحة سيكون له وقع أسوأ بكثير من قضيّة "درايفوس". ستنتشر هذه الفضيحة حتّى في دول الخليج، علما أن لا علاقة لهذه الدول بانعكاساتها. غير أنّها ستفضح الطبقة السياسيّة الفرنسيّة، خاصّة اليسار الفرنسيّ. وسيرتعب منها كلّ الذين شاركوا فيها وانتفعوا منها أو أخفوا معالمها، بما فيه الجهات القائمة في الجانب الآخر من الأطلسي. وهكذا ستتعرّى حدود مسؤوليّات المؤسّسات التي لا مهرب من إصلاحها.

خلال هذا الوقت، على المسؤولين السياسيّين المطّلعين على ملفّ هذه القضيّة إجراء التحقيقات اللازمة وإطلاع الرأي العام عليها. إضافة إلى ذلك، لقد أُقرّ مؤخرا "قانون المخابرات" (Loi Renseignement) الذي يسمح بمراقبة إلكترونيّة لأكثر من 31 مليون مواطن فرنسيّ بين الثامنة عشر وحتى الخامسة والستّين من العمر، وذلك استدراكا من احتمال تحوّل بعضهم إلى إرهابيّين شديدي الخطورة. وكلّ ذلك يعود إلى وجود أكثر من 5000 شخص، معظمهم من المتعصّبين المسلمين الذين يشكّلون هذا الخطر.

سيكون لهذا القانون الجديد فائدة واحدة تسمح للسلطة السياسيّة بالتجسّس على المواطنين، كما سيوفّر وسيلة رئيسيّة لقيام "شرطة سياسيّة" تستطيع كمّ أفواه المعارضين.

وأفضل دليل على ذلك يتمثّل في "قضيّة تعويضات الخليج المختفية أو المختلسة" والتي تحميها السلطة السياسيّة. لذلك لم يتمّ أي تحقيق بهذا الشأن ولم تهتمّ العدالة إطلاقا بهذه القضيّة. فممثّلو الأمة ضربوا بعرض الحائط مكتسبات الثورة الفرنسيّة التي ثبّتت على واجهات المؤسسات الرسميّة شعار "الحريّة" في المقام الأوّل.

إنّ المسؤولين السياسيّين في بلدنا لا يستبيحون فقط تغطية عمليّة اختلاس أموال عامّة تقدّر بالمليارات على حساب وزارة الدفاع والقوّات المسلّحة، ولكنّهم لا يخجلون من شيء، فتراهم اليوم "يبيضون" قانونا توتاليتاريّا لم يحلم به أحد ولم يسبقهم إليه لا ستالين ولا هتلر.

يا آميل زولا! أين أنت؟ عُد إلينا! لقد فتك الجنون في عقول المسؤولين السياسيّين في بلادنا...

الفصل الثامن

السينيغال وفرقة "الجامبارس"

يشكّل اختلاس تعويضات حرب الخليج عام 1991، من قبل "فرانسوا ميتران" والمتواطئين معه، جريمة نكراء ضد الدولة وضدّ المؤسسات، خاصة ضدّ القوّات المسلّحة الفرنسيّة.

في هذا الزمن الذي تتكثّف فيه بشراسة التوتّرات الدوليّة، خاصة في الشرق الأوسط والساحل الإفريقي، يُطلب من قوّاتنا المسلّحة التدخّل، لأنّ اعداءنا المتعصّبين إسلاميّا لا يدّخرون جهدا لبلوغ مراميهم، حتّى من خلال ممارسة الإرهاب على تراب وطننا.

من المفترض إذا أن تهتمّ حكومتنا جدّيّا بهذه القضيّة كي تستعاد المبالغ المختلسة والتي يبدو أنّها أستعيدت في عهد حكومة "فرانسوا فيون" عام 2010، وأن تعاد إلى أصحاب العلاقة الأساسيّين عبر موازنة وزارة الدفاع.

وكما ذكرت سابقا، شكّل موضوع استعادة هذه الأموال رواية نشرها الباحث والروائيّ"I-Cube" بعنوان "Opération Juliette Siéra".

*

أذكّر بالأحداث الأساسيّة. هناك عدد من جنود "فرقة داغات" الذين شاركوا في حرب الخليج يعانون من مرض مؤلم للغاية بسبب تنشّقهم غبار اليورانيوم

المنبعث من قذائف الدّبابات، وكذلك لاضطرارهم إلى تنشّق الغازات السّامة واللقاحات الحاوية على الألومنيوم.

تشكّل كل هذه الموادّ كوكتيلا مدمّرا يؤدي إلى آفات في الجهاز العصبيّ من شأنها أن تسبّب معوقات مرضيّة للجنود الذين تعرّضوا لها.

فناك درسات وتقارير طبيّة عن الجنود الأميركيّين الذين شاركوا في حرب الخليج، تعترف بـ"متلازمة الخليج" في صفوفهم كما في صفوف الجنود البريطانيّين. ولكن لم تصدر بعد في فرنسا أي دراسة أو تقرير مماثل حول الأوبئة التي تعرّض لها الجنود الفرنسيّون.

لا يدّ من الإشارة إلى ما يقارب بين 25 و30 بالمائة من القوّات المسلّحة الأميركيّة هم ضحايا هذه الآفات الباتولوجيّة، أي ما يقدّر بين 150.000 و200.000 جندي. وكلّهم يتلقّون تعويضات دوريّة عن هذه المشكلة.

لذلك نطالب بأن يحظي جنودنا بنفس المعاملة.

إذا كانت إحصاءات عدد المصابين بهذه المتلازمة تطبّق أيضا على الجنود الفرنسيّين، فهذا يشير إلى وجود ما بين 3.000 و4.000 جندي فرنسيّ مصاب بها. غير أنّهم لم يتلقّوا شيئا إطلاقا من التعويضات التي حوّلتها إلى فرنسا دولة الكويت والمملكة العربيّة السعوديّة والإمارات العربيّة المتّحدة.

*

هذه الحالة المستهجنة الفاضحة لم تكن حكرا على فرنسا فقط. فقد حصل نفس الشيء في السينيغال، ولكن على قياس محدود نوعا. فهناك 500 جندي من فرقة "الجامبارز" تطالب بحقوقها، أي بتعويض المشاركة في الحرب التي وُعدوا به، ولم يروا له أثرا.

منذ أكثر من 24 سنة وعائلات الجنود السينيغاليّين المفقودين والمعروفين بـ"الجامبارز" (Jambars) أو "الديامبارز" (Diambars)، ما زالت تناشد لا بل تستغيث بالحكومة السينيغالية للحصول على تعويضاتها.

في عام 1991، لقي 93 جندي سينيغالي حتفهم بسبب سقوط طائرة عسكريّة سعودية في قاعدة "راس ميشاب". على أثر ذلك صرّح "إبراهيم ماكالو

64

سيسا" (Ibrahima Makalou Cissé)، أحد الجنود الثلاثة الناجين من تلك الكارثة، قائلا:

"الجنديّ لا يخاف الموت، وليس له غير بلاده وعائلته. فإما يخرج حيّا وعليكم تأمين حقوقه، وإما يموت وعليكم الإهتمام بأسرته. أنا خدمت 34 سنة في الجيش، وحتى الآن لا أملك مسكنا ولا شيء آخر. وماذا نفعل بالأرامل واليتامى؟... العدوّ لم يقتلني، ولكنّ كرامتي مسلوبة اليوم... لذلك أطرح السؤال: أين هو المال؟ لماذا ما زلت حتّى اليوم أطالب بتعويضاتي؟ ففي أيّ بلد نعيش؟"

لقد نشر في مركز المعلومات التابع للأمم المتّحدة أنّ لجنة التعويضات التابعة لهذه المنظّمة الدوليّة أفرجت عن مبلغ 650 مليون دولار مخصّص للسينيغال، مع أنّ الصحافة أشارت إلى مبلغ أعلى بكثير كانت السعوديّة قد رصدته لهذا البلد.

كذلك صرّح "ماغات سال" (Maguette Sall)، رئيس تجمّع عائلات أفراد فرقة "الجامبارز" المفقودين في المملكة العربيّة السعوديّة ، بما يلي:

"يعد سقوط الطائرة، استلمت كل أسرة من أسر الضحايا، وعددهم 93، مبلغ 1042000 فرنك س.ف.ا (أي 1500 يورو)، بينما أعطي إلى كلّ من جنود "الجامبارز" الناجين من هذه الكارثة مبلغ 1000000 فرنك س ف ا. وقيل لنا أن المملكة العربيّة السعوديّة لحظت آنذاك مبلغ 500 مليون فرنك س ف ا بعد تلك الحادثة.

"لذلك فوجئنا بعدم إعطائنا أيّة تعويضات بعد ذلك. ولكن وسائل الإعلام تحدّثت عن 85 مليار فرنك س ف ا جرى تحجيمها.

"غير أنّ آلامنا تفاقمت عندما علمنا أنّ كلاً من أسر ضحايا غرق الباخرة "جولا"، قبض مبلغ 10 ملايين فرنك س ف ا. فالذين فقدوا حياتهم على بعد تسعة آلاف كلم عن السينيغال، في خدمة الوطن، لم تستفد أسرهم إلا من مليون فرنك س ف ا . "

وقد روى أيضا الجندي السينيغالي "إبراهيم غوياي" (Ibrahim Guèye):
"قدّمت لنا المملكة السعوديّة مبلغ المليون قبل سقوط الطائرة، كما وعدتنا بتأمين مبالغ أكثر أهميّة لمساعدتنا في تأمين عودتنا. وقد حصلنا على هذه المعلومة من المسؤولين الإداريّين المباشرين، فسررنا

جدًا بامكانيّة الحصول على هذا المبلغ مقابل تضحياتنا.

"وقد تفاجأنا عندما علمنا أنّ الحكومة السينيغاليّة أرسلت وفدا لتسلّم المبالغ الآيلة إلينا. ولكن ثار غضبنا عندما بدأوا يتلاعبون علينا بسبب تعويضاتنا اليوميّة.

"بسبب هذا الظلم كنّا مستعدّين للإنتفاضة. ولكنهم وضعوا اليد على كل العتاد الذي كان في حوزتنا، قائلين لنا إنّ الأموال موجودة في داكار. وهناك، لولا تدخّل الرئيس عبدو ضيوف آنذاك، لما أعطيت لنا حقوقنا. كانوا يريدون إعطاءنا 600000 فرنك س ف ا فقط، وذلك لكي يُعطى مبلغ أكبر بكثير من ذلك إلى الضبّاط. ولكن الرئيس ضيوف رفض ذلك. وفي النهاية عدنا إلى بيوتنا سفر اليدين. ولحسن الحظ كنت أحتفظ في جيبي مبلغ ألف فرنك لدفع أجور التاكسي التي أوصلتني إلى منزلي."

وهذه هي شهادة ولد يتيم إسمه "فاتو دياو" (Fatou Diaou) كان والده جنديًا في فرقة "الجامبارز":

"لقد تألّم أهلنا كثيرا، غير أنّ فترة ما بعد الحرب كانت أكثر إيلاما لنا. لم نحظ بأي اهتمام من قبل الدولة، ولم يهتمّ أحد بذوينا. ليس هناك أي مَعلم تذكاري لهم، كما لم يخصّص يوم في السنة تخليدا لذكراهم. لقد تُرك كل منا ومصيره. باستثناء المليون فرنك الذي جرى تقاسمها بين أفراد العائلة، لم نحظ بأيّ بادرة تقديريّة من قبل الدولة. وهذا أمر مؤلم للغاية. والأمرّ من ذلك يكمن في منعنا من التعبير عن سؤمنا وخيبة أملنا. فكم من عائلة أصبحت تعيش الآن في البؤس الشديد! حكومة السينيغال باعت آباءنا واستغلّتهم. نأمل أن يتمكّن "ماكي سال" (Macky Sall) من تصحيح الأمور وإعادة الحقّ إلى أصحابه."

*

من المؤسف أدّنا أمام نفس اللامبالاة التي تبديها السلطات في السينيغال وفرنسا تجاه "الجامبارز" كما تجاه جنودنا الفرنسيّين الذين شاركوا في حرب الخليج. لقد دفعت المملكة السعوديّة إلى السينيغال 85 مليار فرنك س ف ا، ولكن لم يصل منها إلى الجنود الذين شاركوا في الحرب سوى 500 مليون فرنك س ف ا.

فأين ذهبت الأموال؟ هل أخذت طريقها إلى المصارف في الدول ذات الجنّات الضرائبيّة والسرّيّة المصرفيّة؟

في يونيو 2009، رفع ضحايا وذوو الجنود السينيغاليّين الذين شاركوا في حرب الخليج الأولى شكوى ضد حكومتهم. وحتّى الآن لم تُعرف نتائجها.

الفصل التاسع

النزاع بين الطيّارين وشركة آر فرانس

إبتداء من العام 2014، وخلال سنة ونصف، حصل نزاع شديد بين طيّاري الخطوط الفرنسيّة وإدارة الشركة. كان كلّ شيء معدّا للتنديد بالطيّارين ووصفهم بأصحاب الإمتيازات وذوي الرواتب العالية، وهم الذين يتحمّلون مسؤوليّة الصعوبات الإقتصاديّة التي تهدّد مستقبل الشركة. وهكذا تمترس كلّ من الفريقين في مكانه وتمسّك بمواقفه.

في خضمّ هذا النزاع، صرّح وزير الماليّة "ميشال سابان" قائلا: **"إنّ شركة آر فرانس مهدّدة من قبل أقليّة معيّنة، وعلى كلّ العاملين فيها أن يدركوا إذا لم يتمّ اتّفاق على شيء ما، فإنّ الشركة ستتعرّض لمأساة كبيرة. وعندما تسدّ أبواب الحوار من قبل مجموعة أقليّة ذات الأهداف الفرديّة والنقابيّة، عندئذ سيهدّدنا الخطر جميعا."**

ثار غضبي عند سماعي هذا التصريح الذي لا يأخذ بعين الإعتبار إطلاقا الوضع الدوليّ للشركة، ولا التطوّرات الإجتماعيّة الحاصلة في البلاد، ولا الجهود التي يبذلها عدد كبير سن موظّفي الشركة، وبنوع خاص لا يدرك هذا الوزير متاعب هذه المهنة ومتطلّباتها.

إضافة إلى ذلك، طالبت إدارة الشركة بزيادة العمل بنسبة 17 بالمائة دون

تعديل في الأجور.

غير أنّ هذا الطلب غير الواقعي لا يتوافق إطلاقا مع عدد ساعات الطيران التي تحدّدها المواثيق الدوليّة في إطار شروط السلامة، علما أنّ الرحلات الطويلة المدى قد بلغت حدّها الأقصى.

في هذا السياق، وجدتُ الفرصة سانحة لتذكير وزير المال ببعض عناصر ملفّ تعويضات حرب الخليج. فأعددت أربعة رسائل شبه كاملة بعثت بها إلى أجهزة المخابرات الإقتصاديّة. وهذه مقتطفات منها:

تاريخ 4 أكتوبر 2014
الموضوع: شركة الطيران الفرنسيّة وطيّاروها: رسالة إلى الوزير "ميشال سابان" (1)

السيّد الوزير

بدا لي أنّك رجل عبقريّ!...
في الحقيقة هناك "أقلّيّة" تعرّض فرنسا للخطر، تماما كما يبدو أنّها تعرّض بلدنا للتهديد منذ ثلاثة عقود أو أكثر.

أعني بذلك الطبقة السياسيّة الحاكمة التي تمتلك زمام الأمور منذ وصول "فرانسوا ميتران" إلى الحكم عام 1981، ولربّما قبل ذلك بقليل.

لقد كنتم وزيرا مساعدا لوزير العدل من شهر مايو 1991 إلى شهر أبريل 1992، ثمّ وزيرا للإقتصاد والماليّة حتى شهر مارس 1993.

تلك الفترة كانت مهمّة وحسّاسة للغاية. أثناءها حصلت حرب الخليج الأولى "عاصفة الصحراء"، كما تمّ إبرام عقد الفرقاطات مع تايوان.

فإذا كانت قضيّة فرقاطات تايوان والعمولات المعادة التي غذّت حسابات بعض السياسيّين الفاسدين (ولديكم في أرشيف الوزارة لائحة كاملة بأسمائهم)، فإنّ المواطنين لا يعرفون كثيرا عن الفضائح الماليّة التي وقعت غداة حرب الخليج الأولى.

عندما غزت القوّات العراقيّة المسلّحة دولة الكويت عام 1990، كان

هناك في صناديق البنك المركزي الكويتي وفي قصر الأمير ما يقارب 48 مليار دولار نقدا، إضافة إلى كميّات من الألماس.

إتّخذ الكويتيّون أثناءها تدابير إحترازيّة، فوزّعوا هذه الثروة للحفاظ عليها على بعض السفارات العربيّة والغربيّة، وكلفوها بتأمين سلامتها ونقلها إلى أماكن آمنة.

وهكذا، نُقلت أطنان من العملات والجواهر الثمينة بواسطة الشاحنات أو المراكب إلى السفارة الفرنسيّة في دولة قطر، علما أنّ كلّ طنّ من ورق العملات يشكّل مليار دولار من فئة المائة دولار.

ويبدو كما قيل إنّ أحد هذه الكميونات جرى اعتراضه من قبل القوّات العراقيّة، وهذا ما يفسّر الكميّات القليلة التي أعيدت لاحقا إلى الكويت بعد الحرب.

نعم، كان الأمر حقا معقدا في تلك الأثناء.

في الثالث عشر من سبتمبر 1990 تعرّضت السفارة الفرنسيّة للسلب والنهب والتخريب.

في الرابع من أكتوبر قام "فرانسوا ميتران" بزيارة رسميّة برفقة "هوبار فدرين" إلى المملكة العربيّة السعوديّة حيث علم "الوغد" بأنّ المملكة ستدفع 3.5 مليار دولار لفرنسا لتمويل مشاركة قوّاتها العسكريّة في تحرير الكويت. وهكذا شاركت "فرقة داغات" مع فرق أخرى من القوّات الجويّة والبحريّة في تلك الحرب. وجرى إتفاق بدفع مبلغ 3.5 مليار دولار إلى فرنسا بعد تحرير الكويت.

وفي طريق عودته من زيارة السعوديّة، توقفت طائرة الفالكون 50 التي كانت تقلّه بشكل سريّ في مطار الدوحة، وذلك لشحن عشرين صندوقا يزن كلّ منها خمسين كيلوغراما، مملوءة بالأوراق المصرفيّة.

في طريقها إلى فرنسا توقفت تلك الطائرة في مطار زوريخ السويسري، حيث كان بانتظار الرئيس الفرنسيّ مستشار فدرالي (برتبة وزير عندنا)، وصاحب مصرف كبير وشاحنةعسكريّة.

رجاء أن لا تقولوا لي أنّني أروي قصصا خياليّة . فقد أكّد لي عمليّة التوقف في زوريخ جنرال في القوّات المسلّحة الجويّة. إنّه لأمر مضحك!
*

أما التحويل الثاني إلى فرنسا، 3.5 مليار دولار، فقد حصل عام 1991 على حساب في مصرف سويسريّ. وهو جزء من مبلغ 84 مليار دولار رصد لدول التحالف قامت بتنفيذه المصارف المركزيّة في الكويت، والإمارات والسعوديّة. وقد ذُكر ذلك في التقرير السنوي لصندوق المال العربي، بالإضافة إلى مقال واضح في هذا الشأن نشر في جريدة "نيويرك تايمز" عام 1992.

إنّ قضيّة إختلاس هذه الأموال التي حوّلتها دول الخليج إلى فرنسا كتعويض لأكلاف حرب الكويت عام 1991، أثارت إستياء كبيرا لدى أمير الكويت الذي أرسل مبعوثا خاصّا إلى منزل "آدوارد بلادور" (Edouard Balladur) الذي كان آنذاك رئيسا للحكومة لإعلامه بالأمر.

ولكن معاليه لم يحرّك ساكنا! لماذا؟ لا أدري!

لا بدّ من القول بأنّ مثل هذه القضايا يتمّ السكوت عنها وإخفاؤها من قبل كل الطبقات السياسيّة، باستثناء بعض النوّاب أصحاب الكرامة والجرأة. أمثال "نيقولا دوبون-آنيان" (Nicolas Dupont-Aignan)، النائب عن منطقة "الآسّون"، وكذلك النائب "باتريك هاتزال" (Patrick Hetzel) عن منطقة "الراين السفلى". فقد قام هذان النائبان يتوجيه أسئلة إلى وزير الدفاع حول موضوع فقدان المليارات العائدة إلى "فرقة داغات (راجع الفصل السابق) (...)

أما المقالة المنشورة في "نيويرك تايمز" فليست المصدر الوحيد لمعرفة الحقيقة حول موضوع التحويلات المصرفيّة المتعلّقة بحرب الخليج إلى بلادنا.

من الممكن أن نجد على موقع الإعلام القانوني والإداري، بيانا في تاريخ 25 فبراير 1991، أيّ في اليوم الثاني للهجوم الأرضي، وفيه إشارة واضحة إلى تأمين كلفة مساعددة ماليّة من قبل الكويت إلى

فرنسا:

ثم صدر عن وزارة الخارجيّة الفرنسية البيان التالي:

"بيان وزارة الخارجيّة في 25 فبراير 1991 حول تقديم مساعدة ماليّة من الكويت إلى فرنسا:

المناسبة: صدور بيان عن أمير دولة الكويت في 25 فبراير 1991 يعلن فيه تقديم هبة بقيمة مليار دولار أميركي لفرنسا لقاء جهودها العسكريّة في الخليج.

إنّ أمير الكويت أبلغ رئيس الجمهوريّة الفرنسيّة بأنّه قرّر الإسهام بمبلغ مليار دولار مكافأة لفرنسا ولجهودها العسكريّة في تحرير الكويت.

في الوقت الذي التزم فيه الجيش الفرنسيّ الإسهام في سبيل وضع حدّ نهائيّ لاحتلال قاس وطويل، فإنّ فرنسا تعبّر عن تقديرها لهذه المبادرة التضامنيّة الصادقة."

هكذا يتبيّن أنّ وزارة الخارجيّة الكويتيّة اعترفت عام 1991 بتحويل مليار دولار إلى فرنسا.

ولكن عندما نسأل وزارة المال إن كان هناك من أثر لهذا المبلغ في المحاسبة العامّة، له علاقة بتعويضات حرب الخليج، فلا نحصل على أيّ جواب، علما أنّي طرحت هذا السؤال مرارا، ودون جدوى، على كلّ وزراء المال منذ العام 1998، بما فيهم أنتم، يا معالي الوزير، في رسالة بعثتها لمعاليكم بتاريخ 15 ديسمبر 2014.

من المؤكّد أنّ هذا الملفّ هو أكثر تعقيدا ممّا يمكن تصوّره، ولكنّه واضح للغاية كي يتمكّن زملائي الطيّارون الشباب من قراءته، وتكوين فكرة عنه خلال رحلاتهم الطويلة عبر المحيطات.

وحتى من الممكن إعادة تناقل هذا الخبر في "إذاعة مقصورة الطيّارين".

هذا هو القسم الأوّل من الكتاب الذي أرفعه إلى معاليكم حول موضوع "الأقليّة" التي تعرّض الشركة الوطنيّة للخطر.

في الحقيقة، الأقليّة هي تلك الطبقة السياسيّة الفرنسية "الفاسدة حتى النخاع"، من خلال نظام فساد خفيّ ومبعَد بعناية عن عيون الفرنسيّين.

في الواقع، لا أرى كيف يستطيع نوّاب فاسدون للغاية أن يفرضوا شيئا على شركة وطنيّة، وحتّى ايضا على البلاد بكاملها.

جان-شارل ديبوك
ربّان طائرة B 747/200، متقاعد.

*

أتابع هذا الملفّ عن شركة آر فرانس، مستعيدا مقتطفات من القسم الثالث من رسالة مفتوحة إلى "ميشال سابان" بعنوان "تساؤلات حول دومينيك ستراوس-كاهن"...

إضراب الطيّارين في شهر يونيو 1998 ودومينيك ستراوس-كاهن

لستم أوّل وزير للمال أتوجّه إليه لإثارة موضوع شركة آر فرانس وطيّاريها.

لقد أطلقت حركة إضراب شديدة في الأوّل من يونيو 1998- أي قبل أسبوع من بدء مونديال كرة القدم، وكان الهدف منها إثارة الإضطراب والبلبلة في حركة الطيران الجويّ وإثارة إنتباه مئات الملايّين من المشاهدين لبرامج التلفزة.

هكذا وبعد أن أطلعتُ في يناير 1998 وزارة المال حول موضوع إختلاس تعويضات حرب الخليج، اطلعتُ أيضا على ذلك المسؤولين في "النقابة الوطنيّة لملاحيّ الطيران" (Syndicat National des Pilotes de Ligne, SNPL)، علما أنّ البعض منهم كانوا من رفاقي في دورة التخرّج A 14 ENAC.

فرئيس النقابة، "جان-شارل كوربات" (Jean-Charles Corbet) كان مطّلعا كفاية على قضيّة إختلاس تعويضات حرب الخليج، أثناء تحضير الإضراب في يونيو 1998.

بدأ الإضراب بشكل نزاع قاس، وأسهمتُ في تشديد النزاع عبر كتاب وجّهته في الثاني من يونيو إلى مدير عام مصلحة الضرائب، "جان-باسكال بوفرية" .(Jean-Pascal Beauffret)

وقد أعلمني السيّد "جان-شارل كوربات" بأنّه سيعلن أمام الرأي العام خلال الأسبوع الثاني من الإضراب قضيّة اختلاس تعويضات حرب الخليج من قبل "فرانسوا ميتران"، إذا أطلقت إدارة شركة آر فرانس حملة عدائية ضدّ النقابة في وسائل الإعلام.

وهكذا تطوّر الوضع وأصبح مقلقا. فمرّ الأسبوع الأوّل من الإضراب بالتزام تام من قبل الطيّارين. كما ارتفعت نسبة التوتّر بشكل حادّ جدّا بين نقابة الطيّارين وإدارة الشركة.

أمام الموقف الثابت من قبل رئيس النقابة والقرار بتصعيد هذا الإضراب خلال الأسبوع الثاني، بعثت بكتاب إلى "دومينيك ستراوس-كاهن"، وزير المال آنذاك (راجع لاحقا). كما أرسلت نسخة منه إلى كلّ من نقابة الميكانيكيّين الملاّحين في الطيران، التي كان آنذاك يرأسها أحد اصدقائي "ميشال دروارد" (Michel Drouard) ، وكذلك إلى رئاسة شركة آر فرانس، وإلى ديوان "دومينيك ستراوس-كاهن"، وإلى وكالة الأنباء الفرنسيّة، وإلى معظم وسائل الإعلام.

أما النتيجة فجاءت سريعة وبشكل غير منتظر. في صباح التاسع من يونيو، استمعت إلى الأنباء عبر الراديو، فتفاجأت عند سماعي باتّفاق كامل تمّ إبرامه أثناء الليل بين نقابة الطيّارين وشركة آر فرانس، وإعلان وقف الإضراب حالا.

إن المستشار القانوني، "جان-بول بادوال" (Jean-Paul Baduel) الذي أرسلت له أيضا نسخة من كتابي المشار إليه أعلاه، عبّر عن استغرابه التّام لهذه الطريقة التي أدّت إلى وقف إضراب كان من المقرّر أن يدوم أسبوعين. عندئذ أدركنا جيّدا أنّ ملف إختلاس تعويضات حرب الخليج لعب دورا قاطعا في هذه القضيّة. فالخوف من تفجير فضيحة كبرى هو الذي دفع بشركة الطيران

الفرنسيّة آر فرانس وبالحكومة الفرنسيّة أيضا إلى الرضوخ واستجابة المطالب.

وهكذا بقي هذا الملفّ مغيّبا في سريّة تامّة، "بسبب تهديدات بالموت وُجّهت إلى المسؤولين في نقابة الطيّارين آنذاك"، وليس إليهم فقط.

إنّه لأمر مخيف ومرعب للغاية!... لا يليق 'لاً بنظام "الريبوقراطية"، أي النظام "التوتاليتاري المافيوي".

وهكذا تمّ كمّ أفواه "رفاقي الصغار"، وأنا أتفهّم ذلك.

فلنتذكّر ما قيل عن إنتحار "بيار باراغوفوا" (طلقتان من مسدس عيار 22 ل ر في رأسه)، وعن انتحار "فرانسوا دي غروسوفر" (طلقات من مسدس ماغنوم 357) وانتحار "جان آدارن هاليار"، الذي قيل إنّه سقط عن درّاجته الناريّة صباح أحد الأيام في مدينة "دوفيل". كلّ هذه الأحداث تدفع بالكثيرين إلى التفكير والإرتعاب، بما فيهم زملائي في نقابة الطيّارين.

من جانبي، تسنّى لي الظرف لإثارة هذا الملفّ مع بعض أصدقائي في وزارة الدفاع. فقد عبّروا كلّهم عن امتعاضهم الشديد من عمليّة إختلاس "مليارات فرقة داغات". هذا ولم أعلم إطلاقا إن كانوا يعملون في الخفاء لصالح أجهزة الإستخبارات السرّيّة أم لا.

تجدر الإشارة مجدّدا إلى أنّ هذه الأموال هي قبل كلّ شيء أموال "دماء جنودنا". فعندما نعرف، استنادا إلى الإحصاءات الأميركيّة، أنّ ما بين 30 و40 بالمائة من الجنود الذين شاركوا في حرب الخليج يعانون من مرض متلازمة الخليج، فهذا دليل على أنّ ما بين 3000 و4000 جندي من فرقة داغات هم ضحايا هذا المرض الرهيب.

وهذا أمر إذا تمّ فضحه أمام الرأي العام فقد يؤدي إلى ما لا يحمد عقباه.

في ذلك الوقت، لم أتّهم "دومينيك ستراوس-كاهن" في عمليّة اختلاس تعويضات حرب الخليج، كما لم أشر إلى دور قد يكون قد لعبه في قضايا الفساد المرتبطة بحرب الخليج عام 1991.

<u>"دومينيك شتراوس-كاهن" وإخماد نيران آبار البترول في الكويت</u>

بالعودة إلى "دومينيك شتراوس-كاهن"، إنّه ظاهرة خاصّة ... أتكلّم هنا حتما عن "مآثره" الماليّة التي أصبحت حديث الناس كما تعرفون. وهذا ليس سوى البداية.

فهو متّهم من قبل خبير المحاسبة، "كريستيان بازانو" (Christian Basano)، الذي اتّهمه بالضلوع في عمليّة قرصنة تقدّر بـ 23 مليار دولار تعود إلى حرب الخليج لعام 1991.

حصلت هذه العمليّة لدى محاولة إطفاء آبار البترول التي كانت مشتعلة في الكويت بواسطة مادة الأزوت (200 درجة سلسيوس). جرى تسجيل هذا الإختراع في المعهد الوطني للملكيّة الصناعيّة (Institut National de la Propriété Industrielle) من قبل مخترعها المهندس اللبناني، جوزف فرّايّة (Joseph Ferrayé).

سمحت هذه التكنولوجيا بإطفاء النيران المشتعلة في 1100 بئر بترولي في الكويت خلال أشهر قليلة، بينما كان "راد أدار" (Red Adair) رجل الإطفاء الأميركي المشهور عالميّا وصاحب شركة إطفاء تحمل إسمه، قد عرض إطفاءها خلال خمس سنوات بواسطة براميل من المتفجّرات.

آنذاك أعدّت قناة التلفزيون الفرنسيّة الأولى (TF1) في برنامجها المعروف "دون أيّ شكّ" (Sans aucun doute) بتارخ 12 مايو 2000 حلقة خاصّة للكشف عن ملابسات هذه القضيّة. غير أنّ تلك الحلقة ألغيت في اللحظة الأخيرة بطلب شخصيّ مباشر من قبل "دومينيك ستراوس-كاهن".

ما هي الأسباب؟ هل كان متواطئا ومشاركا في عمليّات النصب والإحتيال خلال حرب الخليج عام 1991؟

إنّه أمر يثير الدهشة والإستغراب...

هذا الملفّ معقّد للغاية. الرهانات ضخمة وذات ابعاد دوليّة، إذ تضع على المحكّ الليبيراليّة الماليّة المتطرّفة. ومن الممكن معرفة الكثير عنها على موقع "كريستيان بازانو" الذي قدّم شكوى بهذا الخصوص مدّعيا **"بأنّه ضحية قرصنة دولية تورّطت فيها شخصيّات كبيرة في الدولة ويواجه رفضا متكرّرا منذ أكثر من عشر سنوات من قبل هيئات رسميّة بما فيها قضائيّة لا تسمح له باللجوء ولا بإقامة دعوى عادلة أمام محكمة محايدة."**

فقد أصدرت محكمة الإستئناف في باريس حكما، في 5 نوفمبر 2013، يرفض تماما الدعوى التي تقدّم بها. ولكن لدى قراءة هذا الحكم، يحقّ لنا أن نتساءل إذا كان من المستطاع التعبير عن امتناع القضاء عن النظر في هذه القضيّة بهذا الشكل. هل هذه عدالة في بلد يدّعي الديموقراطيّة؟ ألا يحقّ لنا استنكار تصرّف هكذا عدالة؟

وهذا الأمر يدعوني إلى العودة إلى موضوع شركة آرفرانس والوضع الحالي.

ألم يقل الشاعر الفرنسيّ "جان لافونتين" (1621-1695): **"سواء كنتَ قادرا أو تعيسا، فأحكام القضاء تجعلك بريئا أو مجرما".**

لذا يمكننا القول بوجود نوعين من العدالة في بلادنا. فقد استنكر ذلك السكرتير الأول للكونفدراليّة العامّة للعمّال (CGT)، "فيليب مرتيناز" (Philippe Martinez)، في تصريح له أمام الصحافيّين:
"ذهبوا لتوقيفهم الساعة السادسة صباحا أمام أطفالهم وعائلاتهم وفتّشوا بيوتهم. بينما هناك أناس اقترفوا أشياء أكثر خطورة، إختلسوا الملايين من المال العامّ. وعندما يُستدعون للتحقيق، يحضرون بسيّاراتهم الفخمة مع سائقيهم. لماذا الكيل بمكيالين عندما يتعلّق الأمر بالأجراء والمياومين. أليس هذا أمر جارح ومهين لكرامة الإنسان."

هناك من ينسى أنّ حارسا بقي ساعات طويلة في حالة من الإغماء دون أن يهتمّ به أحد.

وبالرغم من ذلك، علّقت على تصريح ـ"فيليب مارتيناز" بالقول: إذا سرق المسؤولون السياسيّون الملايين كما بيّنت في الفصول السابقة، فلن يشعر أحدهم بأي قلق أو خجل... فهم يتمتّعون بحماية السلطة القائمة وبحصانة خاصّة.

ماذا يفعل القضاء في موضوع إختلاس "مليارات فرقة داغات"، بالرغم من إعلام رئيس الجمهوريّة والسيّدة "كريستيان توبيرا"، وزيرة العدل، بهذا الأمر، في 16 يناير 2015؟ بالرغم من خطورة الأمر، لم يتفضّل احد منهما بالجواب. كما لم يجرؤ أي مسؤول سياسيّ أو قضائيّ على اتّهامي بالتشهير، خاصّة أدنّي أتّهم علنا رئيس جمهوريّة سابق باختلاس المليارات.

هل يُقدَّم إلى القضاء المتواطئون مع "فرانسوا ميتران"، والوزراء، ومستشاروهم، خاصّة عميله الخاصّ؟

المؤلم أنّ رواية "لافونتان" ما زالت تنطبق على واقعنا الحالي منذ ثلاثة قرون!

من جهة هناك من يعمل في قسم الشحن والصيانة التابع لشركة الطيران آر فرانس – وأعرف ذلك جيّدا بحكم عملي سابقا كطيّار B747 – وأتفهّم غضب العاملين في هذا القسم، خاصّة عندما يقوم بعضهم بتمزيق قمصان موظّفين كبار، وذلك لعدم رضاهم عن إستراتيجيّة "ألاكس" (ALEX) [رئيس شركة آر فرانس] الرعناء، معرّضين أنفسهم لثلاث سنوات في السجن.

ومن جهة أخرى، هناك وزراء سابقون، أو وزراء حاليّون، متواطئون أو متّهمون بالتواطؤ في عمليّات اختلاس أموال عامّة رهيبة، لم تتجرّأ السلطات على تكذيبها أو استنكارها. فهم يعيشون في حالة من البراءة وبرعاية حكومات الأحزاب اليساريّة، واليمينيّة أيضا.

*

نعم هذا الملفّ خطير للغاية بالنسبة للحكومة وللحزب الإشتراكي أيضا، علما أنّ التطوّرات الأخيرة تفرض محاكمة المسؤولين عن هذه الإختلاسات وكلّ الذين أمّنوا لهم الحماية منذ العام 1989، أمام محكمة عدل الجمهوريّة.

هل جرى إيقاظ الوزراء المعنيّين بهذه القضيّة أو المتواطئين معهم في الساعة السادسة صباحا من قبل أيّ كومندوس من الشرطة؟! أشكّ كثيرا بحدوث ذلك!

أمّا أنا، فأقضي فصل الشتاء في البرتغال، تجنّبا لدفع الضرائب من قبل المتقاعدين، وفصل الصيف في النروج.

مع تقديم الإحترام.

جان-شارل ديبوك، ربّان طائرة B747/200

*

يمكن الإطّلاع على الرسائل الأربع التي وُجّهت إلى وزير الماليّة "ميشال

77

سابان"، وذلك على شبكة الإنترنت، تحت العناوين التالية:

القسم الأوّل: شركة آر فرانس معرّضة للخطر من قبل "أقلّيّة".
القسم الثاني: مجلس طبقات للنقل الجوّيّ.
القسم الثالث: تساؤلات حول "دومينيك ستراوس-كاهن".
القسم الرابع: "دومينيك ستراوس-كاهن"، رجل رومانسي.

لقد اطّلع على هذه الرسائل التي وُجّهت إلى الوزير "ميشال سابان"، كلّ الطيّارين في شركة آر فرانس، وكذلك وسائل الإعلام والمسؤولون في الحكومة. والدليل على ذلك انكشف بعد مرور عشرة أيام على كتابتها. فقد توقّف تماما توجيه أيّ انتقاد لطيّاري شركة آر فرانس من قبل الحكومة أو وسائل الإعلام.

يا له من عمل سحريّ!

في الواقع كان زملائي الطيّارون في حالة من الإحباط منذ أكثر من سنة بسبب الإنتقادات الموجّهة لهم.

لربما كان الوقت مؤاتيّا للكشف عن "الفضيحة" عبر توزيع المناشير على خزانات الموظّفين وفي بيانات صحفيّة.

الفصل العاشر

"الفلورانتان" أو المهووس بالدسائس والحيل

ما هي الأسباب البعيدة التي دفعت بـ"فرنسوا ميتران" في عام 1991 إلى اختلاس تعويضات حرب الخليج؟ إذا ما حاولنا التعمّق بالأمر، يتبيّن لنا أنّ لا معنى على الإطلاق لهذا الإختلاس.

في الوقت الحاضر، هناك ما يقارب 7 مليارات دولار لم تدخل الخزينة. وهذا يمثّل بالقيمة الحالية ما يقارب 16 إلى 17 مليار يورو. ماذا يمكن أن نفعل بهذا المبلغ الذي يوازي أجر مليون سنة عمل لعامل يتقاضى الحدّ الأدنى للأجور؟

على سبيل المثال، كان هناك الخيار بين:
- بناء 56 مستشفى، كلفة كلّ واحد منها 300 مليون يورو
- أو بناء 340 مدرسة كبيرة للملاحة الشراعيّة
- أو بناء 3 حاملات طائرات على متن كلّ منها 30 طائرة "رافال".

ومن الممكن أيضا استثمار هذه المبالغ في مشاريع كثيرة.

ولكن الأمر يبدو عسيرا على الفهم بالنسبة لرجل مثل "فرانسوا ميتران" كان يكره المال، لأنّ السلطة كانت هوسه الأوّل وهاجسه الوحيد!

هذه الرغبة الشديدة أدّت به إلى تبوؤ أعلى مراتب السلطة عبر ممارسته لـ"فنّ التهرّب" وتحاشي الصعوبات، كما فعل قبله رجال آخرون عبر التاريخ، أمثال "ماكيافيل" و"لورنس العظيم". تميّز "فرانسوا ميتران" بموهبة فائقة جعلته يستحقّ لقب "الفلورانتان"[4].

---

[4] "الفلورانتان"، بالمعنى المجازي يعني إنسانا محنّكا، ثاقب الفكر، محتالا، على مثال أمراء مدينة "فلورنس" الإيطاليّة والمفكّر الشهير "ماكيافال".

إذا لماذا اختلس الأموال دون الإستفادة منها؟ أليس هناك أمر آخر وراء هذه القضيّة؟

في الواقع، لا بدّ من البحث في حياة "فرانسوا ميتران" السياسيّة، في تصريحاته أو في خطبه، خاصّةً ذلك الخطاب الذي ألقاه في مؤتمر "أبيناي" (Epinay) عام 1971، فنستخلص منه عبرة قد تساعد في سبر مغزى سلوكه. لقد قال آنذاك:

"الخصم، من هو؟... قد يقول البعض: الطبقة الحاكمة. هذا أكيد. وقد يضيف آخرون: الكنيسة، التي تضفي مغزى روحيّا إلى وسائل الظلم الإجتماعي. وهناك غيرهم من يقول: الجيش... ولكن منذ فترة طويلة لم يعد بوسع القوّات المسلّحة القيام بأي انقلاب!

"ولربما أضاف آخرون: الوجهاء.

"أما العدوّ الحقيقيّ، وأريد أن أقول الوحيد، لأنّ كلّ شيء يمرّ به. العدوّ الحقيقيّ إذا لم نكن على أرض القطاع البدائي، أي البنى الإقتصاديّة، فهو الذي يمسك بالمفاتيح... وهو الذي يقيم على هذه الأرض. فهو الذي ينبغي إزاحته... إنّه الإحتكار!

هذه العبارة مطّاطة إذ تعني كلّ قوى المال، هذا المال الذي يفسد، الذي يشتري، الذي يحطّم، الذي يقتل، الذي يدمّر، الذي يعيث فسادا في ضمائر الناس!"

يبدو أنّ وراء سلوك فرانسوا ميتران، تكمن كراهيته للمال!.

من كراهيّة المال إلى العزم على تدمير المؤسسات

من الصعب جدّا التفكير بعمليّة اختلاس تعويضات حرب الخليج، التي قام بها رئيس الدولة. فبقي دون عقاب، كما يبدو، ولم يعترضه أحد!... إنّه عمل مستحيل نظريّا في ظلّ نظام ديمقراطيّ متطوّر كنظامنا.

غير أنّ هذا الإختلاس يطرح سؤالا معيّنا: "ما هي الأسباب التي دفعت إلى خداع كلّ السلطات المضادة في هذا النظام؟"

لا بدّ من الإعتراف هنا بقيام "فرنسوا ميتران" بهذا الإختلاس، لعلمه أن لا أحد سيعترضه، أو يعارضه، أو يفضحه. وهذا ما حصل فعلا. لذلك يبدو لنا أنّ

الدافع الأساسيّ وراء مبادرته يكمن في إثبات ضعف الثقة بالمؤسسات العامّة وفي إمكانيّة تحويلها إلى نظام توتاليتاري دون اعتراض أحد.

وهذا ما تأكّد من عدم تحرّك أحد من المسؤولين، بالرغم من توجيه مئات الرسائل إلى وسائل الإعلام والمؤسسات الرسميّة والسياسيّين، ونشر مقالات عديدة على شبكة الإنترنت. هناك صمت غريب مطبق على بلادنا. الصحافة الوطنيّة والأجنبيّة مكممّة على مثال باقي وسائل الإعلام والمؤسّسات الدوليّة.

إضافة إلى ذلك، لابدّ من أن ندرك أنّ البنية المافياويّة التي نعيش في ظلّها أصبحت كونيّة. إذ لا نجد دولة واحدة في العالم تشكّك في عمل المؤسّسات الماليّة التي سمحت بهذا الإختلاس الذي يمكن أن يتكرّر في كل زمان ومكان، بهذا الشكل او بشكل آخر. فهنا يبرز بيت القصيد، أيّ في العمل الذي أقدم عليه "فرانسوا ميتران"، الذي من شأنه أن يدفع إلى إيجاد حلّ لتدمير المؤسسات الحاليّة، كي يصار بعد ذلك إلى ترميمها وإصلاحها وتحسينها في كافة أنحاء الكرة الأرضيّة، خاصّة فيما يتعلّق بالمؤسسات الماليّة أو السياسيّة.

فأنا لا أرى تفسيرا آخر لهذه القضيّة المرعبة. لكنّني أتساءل إلى أين نحن سائرون، وكيف ستتطوّر هذه القضيّة، وخاصّة كيف سيُكشف النقاب عنها.

"كشف النقاب" عنها كان متوقعا في الفصل الأوّل من العام 2016

من الممكن التعمّق أكثر بفكر "فرانسوا ميتران" لو طُبِّقت "الطريقة الإفتراضيّة الإستنباطيّة" التي تطبّقها هيئة الأركان العليا في القوّات المسلّحة في سبيل فهم استراتيجيّة الخصم واستباق تنفيذها. وبدورنا سنطبّقها لفهم استراتيجيّة "الفلورانتيني"، خاصّة لمعرفة نواياه في كيفيّة استخدام هذه الأموال المختلسة.

إنّ عمليّة اختلاس تعويضات حرب الخليج تفقد الصواب، فلا نجد معنى لها إلا في إطار عمل سياسيّ. وهذا ما أردت تفسيره قبل ذلك، أي القضاء على مؤساتنا كي نستبدلها بمؤسسات جديدة أكثر فعاليّة وأكثر ديمقراطيّة من شأنها أن تعطي السلطة للمواطنين وتسمح لهم بمراقبة السلطات التنفيذيّة والتشريعيّة.

لذلك لا بدّ من اعتماد نظريّة "شومبتر"[5] القائمة على "التدمير الخلاّق".

---

[5]جوزيف ألويس شومبيتر (Joseph Alois Schumpeter) (8 فبراير 1883 – 9 يناير 1950) عالم أمريكي في الاقتصاد والعلوم السياسية من أصل نمساوي. اشتهر بترويجه لنظرية الفوضى

ولكن كيف الوصول إلى ذلك؟

إنطلاقا من أهداف "الفلورانتيني"، يمكننا اعتبار الأموال المفقودة قد وُظّفت "على طريقة تخطيط يقوم بها كلّ ربّ أسرة"، كي تظهر في فترة حاسمة ودقيقة من التاريخ. مثلا، في عام 1991 كانت ألمانيا الإتّحاديّة تبحث عن قروض لإعادة بناء جمهوريّة ألمانيا الديمقراطيّة بفائدة 5 بالمائة. أليست عمليّة رائعة للغاية!

إضافة إلى ذلك، إذا كانت هذه المبالغ لم تدخل إطلاقا الصندوق العامّ الفرنسيّ، فمن السهل جدّا تحرّي أثرها في النظام الأميركي "الموعود به" والذي يسجّل كل المعاملات الماليّة على الكرة الأرضيّة، على طريقة عمل "كليرستريم" تقريبا.

كان "الفلورانتيني" على علم كاف بذلك، وقد استغلّ الأمر حتّى أنّه سمّم العلاقات الفرنسيّة الأميركيّة.

غير أنّ عالم المال الليبيرالي المتطرّف يسمح بوفرة التركيبات والإحتيالات التي لا تعود دوما بالفائدة لصالح الشعوب. ويمكن الإعتماد على صمت مختلف الفرقاء في هكذا حالة.

لذلك من المحتمل جدّا أن تكون "مليارات فرقة داغات" قد استودعت في "مكان آمن"، أيّ في جنّة ضرائبيّة"، وهي أمكنة ليست نادرة في عالمنا الحاضر. وبالتالي، لسنا بحاجة إلى الذهاب بعيدا. فصناديق المصارف وشركات الإستثمار في "السيتي" (المركز المالي العالميّ في وسط لندن)، إو سويسرا، أو في مكان آخر، توفّر أمكنة كافية وهادئة لتوظيف مبالغ ماليّة طائلة بصورة سرّيّة.

وهكذا نتصوّر وبشكل منطقيّ أنّ الأموال المفقودة قد وظّفت في مؤسّسات ماليّة أوروبيّة تضمن الأمان وتوفّر مردودا عاليا.

يبقى أن نعرف ما هو الوقت المناسب للكشف عن "وعاء الورد" للرأي العام والسياسيّين والمستثمرين الماليّين وللعالم أجمع.

إذا وضعنا أنفسنا مكان "فرانسوا ميتران" الذي، عبر هذه القضيّة، وجد

الخلاقة في الاقتصاد.

فرصة ذهبيّة للدخول في التاريخ، وبأي شكل!... فمن الطبيعي والمنطقي اختيار تاريخ زمنيّ خاصّ كان يعزّ عليه كثيرا.

وإذا كان هناك من تاريخ زمنيّ مهمّ لكل إنسان فهو تاريخ ميلاده، خاصّة للنساء اللواتي يحملن في أحشائهنّ ويعانين من "أوجاع المخاض الأليمة".

وكما نعلم، كان "الفلورانتيني" رجلا جذّابا للغاية، ويمكن اعتبار تاريخ ميلاده تكريما أيضا لكلّ النساء.

هناك من يهزأ ويقول بأنّي أغالي وأبالغ، ولكن ليس إلى هذا الحدّ.

لذلك، إخترت، ولاعتبارات منطقيّة، عام 2016 كسنة مؤاتية جدّا، للكشف أمام الرأي العام عن إختلاس تعويضات حرب الخليج، وكلّ تبعاتها.

ويمكن أيضا أن نغوص في التحليل ونتوقّع أن "الفلورانتيني"، وهو سياسيّ محنّك، قد إختار يوما معيّنا في العام 2016... إنّها فترة الإنتخابات الرئاسيّة المتوقّعة في شهر مايو، ولكن كان ذلك قبل تعديل فترة الرئاسة واعتماد الخمس سنوات. وهي فترة رائعة كان من شأنها أن توفّر للقوّات المسلّحة إمكانيّة السيطرة على الحكم.

كان يفترض أن يكون هذا الوقت ملائما جدّا لإحداث صدمة قويّة. ولكن كيف جرى التحضير لهذا السيناريو؟

لا نعرف شيئا عن ذلك، ولكن هذا الإفتراض هو الذي طرحه (I-Cube) في روايته المتوفّرة على الإنترنت تحت عنوان: Opération Juliette-Siéra.

أقتبس منها مقطعا، وهو محادثة بين المسؤول عن الصندوق الإستثماري (Solutré-Jarnac) وربّان الحرّاقة "بول دي بروفويل" (Paul de Bréveuil)، المكلّف باستعادة الأموال لصالح الخزينة العامّة.

فحسب إرادة الواهب بصريح العبارة ينبغي إعادة المبالغ إلى الخزينة العامّة في شهر مارس 2016. و لماذا 2016؟

"لا شكّ في ذلك، لأنّها تتوافق مع مرور ثلاثة عهود من الرئاسة الفرنسيّة التي تدوم سبع سنوات، وأنّ شهر مارس هو عادة الفترة التي يبدأ فيها المرشّحون حملتهم الإنتخابيّة لتحضير موعد الإنتخابات في شهر مايو القادم.
"يبدو أنّ رئيسكم في ذلك الوقت كان يتمنّى، ودون شك في فترة ما بعد موته، أن يمارس دورا فاعلا مرّة أخيرة، للتأثير على الحياة السياسيّة في بلدكم.
"كان هدفه، وهذا ما يستخلص من بعض الملاحظات الخطّية التي تركها المرحوم "لورد ثورنر"، أن يؤكّد أنّ مؤسّسات جمهوريتكم الخامسة التي حاربها منذ العام 1958، كانت فاسدة. فكل من يتبوّأ على رأس الدولة يستطيع اختلاس أيّ كميّة من المال، حتّى وإن كانت جسيمة للغاية، دون أن يلاحظ أحد ذلك وأن يحاسبه أحد على ما يفعل.
"بالرغم من كلّ أجهزة المراقبة الممكنة، والسلطات المضادّة، ومراقبة مجلسكم النيابيّ، ونزاهة الوزراء والإدارات أو فسادها، هل يمكنك تصوّر الإنعكاسات الصادمة خلال الحملة الإنتخابيّة!
"هذا ما يغيب عن كلّ مراقب وهذا ما أراد إثباته منذ العام 1991. فهو وحده كان يعرف ويدعو إلى إصلاح عميق في مؤسّساتكم من خلال إطلاق قنبلة بعد مماته، بعد مرور ثلاثة عهود رئاسيّة إبتداء من تاريخ تركه للحياة السياسيّة.

"يا سيّد "برافاول"، هذه كانت عمليّة مقاومة خلال حياة عاشها مقتنعا تماما بصحتها وأهميّتها وضرورتها."

هذا أمر مدهش للغاية، حسب قول السيّد "بول"، ولكنّه أيضا مدمّر.

غير أنّ "بول" كان مقتنعا بأنّ سياسيّا من اليسار مثله لا يستطيع أن يكون لصّا أو قطّاع طرق، بل لديه مخطّط واضح عندما يختلس أموال "فرقة داغات" ويحتكر تقنيّة "فرّايه" ويستغلّها ويوظّفها لصالحه.

هذا "الكشف عن الأمور" ساهم في توطيد رأيّه حول الموضوع وقد عبّر عن ذلك حالا.

*

"هذا أمر يطمئنني، يا سيّدة ميلادي. ولكن لا يمكننا انتظار العام 2016.
هذه الأموال المختفية تعود بالحقّ إلى اصحابها الذين يطالبون بها علانيّة.
والمطلوب منيّ أن استعيدها لحساب حكومتي."

عليكم بإثبات ذلك، أجابت بابتسامة لطيفة وصوت عذب: كيف؟

"وفقا لنظام الصندوق الإستثماري . ثمّ قدّمت لها ملقا كان موضوعا على
طاولة جانبيّة قرب الطاولة التي تجلسان حولها. يتضمّن هذا الملفّ نصّا واضحا
يقول بأنّ رئيس الجمهوريّة المنتخب عام 1988 يحقّ له التصرّف، بصفته
مؤسس صندوق الإستثمار، استخدام الأموال حتى وفاته.

"قد احترمنا أنا وزوجي حرفيّا هذا النظام وكيفيّة تطبيقه وطرق التوظيف
المستخدمة لهذه المبالغ. ولكن بعد وفاته، نحن نحتاج إلى توقيع رئيس
الجمهوريّة ورئيس الحكومة للتصرّف بها.

"وهذا هو التوكيل في خمس نسخ ينبغي تسجيلها من قبلنا في سجل الرهن
التابع لمدينة باريس، وذلك بصفة وثائق لا مسمّى لها. على الرئيسين أن يوقعا
كي يسمح لبلدكم بحقّ التصرّف بالأموال المودعة في صندوق الإستثمار، وذلك
بعد اقتطاع بدلات أتعابنا وعمولاتنا."

ثم فتحت السيّدة الملفّ على الصفحة الأولى، حيث اتّضح لها أنّ كلّ شيء
تمّ إعداده بدقّة عجيبة!

"وهل ستتخلّون عن إدارة هذه الأموال دون أيّ مقابل؟"

المقابل؟ سيقرّرون ذلك معا.

"هذه الأموال ليست ملكنا نحن كأعضاء في مؤسّسة "اللويدز". ولم ندّع
إطلاقا أنّها ملكنا، علما منّا رغم تجاهلنا، بأنّها أموال قذرة، لم تأت بأيّة فائدة
لاقتصاد بريطانيا أو الكومنولث."

كلّ شيء جرى استثماره وإعادة إستثماره بنوع خاصّ في فرنسا وفي
أوروبا الغربيّة وفقا للتعليمات المعطاة لنا.

ثمّ أخرجت بيان الموجودات الذي أضيف إلى نظام صندوق الإستثمار، وقد
حاول "بول" الإطّلاع عليه سريعا. فتبيّن له أنّه يتوافق، - مع التحفّظ على

تفاصيل الجدول -، مع ما أعدّته مستشارة محكمة مراجعة الحسابات الإقليميّة.

"نحن لا نقوم إلا بإرجاع الأموال التي تعود إليكم!"

ولماذا لم يُقَل لنا كلّ ذلك في بداية الصباح في مقرّ مؤسّستكم؟

"لم نقل شيئا لسببين: فهناك لا شيء جديد لا تعرفونه. كلّ شيء موجود في التعليمات بشكل واضح ودقيق وإلزاميّ. ولا أستطيع ضمن إطار وظيفتي المهنيّة خرق أيّة فقرة قانونيّة خاصّة بهذا الإستثمار "

إذا،و لماذا جرى خرقها ولم يُلتزم بها؟

"هذا هو السبب الثاني، عندما ينظر إلى الأمر في شقّيه:
"أوّلا، إنّه مال قذر. بالنسبة لامرأة شريفة، يشكّل حملا ثقيلا على كاهلها، مهما قال ‹منظّرو الأخلاق› في المؤسّسات الماليّة، بما فيهم رئيسكم الحالي، الذي سيرأس مؤتمر مجموعة العشرين في عام 2011، بعد سنتين من الآن.

"ثانيا، الأمريكيّون يطرحون دوريّا نفس الأسئلة كلّ خمس سنوات، ولا أستطيع الإجابة عنها بحكم قانون الإستثمار، فكل الناس كما يبدو، باستثنائي أنا شخصيّا، قد فقد ‹المفاتيح› التي من شأنها تفجير مؤسّساتكم بكاملها."

لقد طرحتْ السؤال على وزارة الخارجيّة البريطانيّة بشأن السلوك الذي ينبغي إتّباعه. ولكن لم يرد أيّ جواب. فالأمر قاطع من الناحية القانونيّة، ولكن لا حاجة لتفجير الجمهوريّة الفرنسيّة، لئلا ينسب هذا الأمر، وإن بشكل غير مباشر، إلى مواطن بريطاني.

"فنحن كنّا نحلم منذ فترة طويلة بوصولكم كي نتمكّن من إيجاد أفضل مخرج لهذه القضيّة من شأنه إرضاء الجميع!"

وهنا وصل فجأة ضابط احتياط، وكأنّه كان منتظرا ومتوقّعا، ولكن دون أن يعلم عمّا يدور الحديث.

"لم يعد بالإمكان أن نترك الوقت ليغدرنا. إنّه لأمر غير ممكن. وذلك لأنّ فترة الرئاسة لم تعد عندكم سبع سنوات بل خمس، وأنّ سنة 2016 أصبحت

عديمة الجدوى. عليكم أن تفكّروا قبل سنتين من إنتهاء عهد رئيسكم الحالي، أو خلفه. هذه القضيّة لم تعد تشكّل قنبلة نوويّة، فهي لم تعد سوى مفرقعة فاشلة لن تصيب هدفها.

"إضافة إلى ذلك، كنت دائما على علم بالضغط الأميركي على رئيسكم الحالي الذي، فوق كل شيء، يسعى إلى ممارسة قطيعة تامّة مع العادات والتقاليد الماضية. وبما أنّنا لا نعرف من سيأتي بعده، ـ والمال السائب يعلّم الناس الحرام ـ كان من الأفضل أن نستقبلكم اليوم كي نسلّمكم المفاتيح دون أيّ خرق لنوايا المؤسّس ودون إثارة هزّة أرضيّة. فكلّ شيء يجري وفقا للواجبات الملقاة على عاتقي."

كانت رائعة تلك السيّدة التي وجدت حلاّ للخروج من هذا المأزق. هذا ما فكّر به "بول" عند استماعه لهذا الكلام وهو يستطيب بآخر نقطة من كأس النبيذ الذي أمامه.

إنّها قضيّة متماسكة تماما."

هنا ينتهي الإقتباس.

يستطيع القارئ اكتشاف هذا الإفتراض الرهيب في العرض بشكل روائيّ قدّمه I-Cube في كتابه Opération Juliette-Siéra.

وبالرغم من كلّ ذلك، يحقّ لنا أن نتساءل عن الإنعكاسات الأخرى لاختلاس الأموال بهذا الشكل، أخذا بعين الإعتبار القضايا والفضائح الماليّة التي نشرت أخبارها منذ بداية العام 1990.

في هذا الإطار، أفكّر بنوع خاص بقضيّة "كليرستريم"[6] الطويلة وبقضيّة مستندات البنك السويسري المعروف بـ HSBC التي اختلسها ونشرها أحد الموظّفين في هذه المؤسّسة، الأمر الذي أدّى إلى الكشف عن عدد كبير من مهرّبي الأموال إلى الخارج والمودعة في هذا المصرف السويسري.

---

[6] راجع "قضيّة :كليرستيم" في موسوعة ويكيباديا

الفصل الحادي عشر

نوّاب يسألون الحكومة: 26 أغسطس 2015

حتّى صيف 2015، كان ملفّ هذه القضيّة قد قطع شوطا بعيدا. عندها وجّهت كتابا عن هذا الموضوع إلى خمسين نائبا تقريبا. وهذه نسخة عنه:

سيّدي نائب الأمّة

لقد صوّتم ضد قانون المباحث الأخير، فلكم منّي أحرّ التهاني على هذا الموقف الذي يعبّر عن معارضتكم لهذا الإنحراف التوتاليتاري المشين بحقّ بلدنا.

هل من الضروريّ أن نراقب إلكترونيّا 31 مليونا من المواطنين الفرنسيّين، بينما لا يوجد سوى خمسة آلاف شخص من المتعصّبين الإسلاميّين الذين يمثّلون خطرا إرهابيّا واقعيّا في البلاد؟

من المؤسف أنّ هذا القانون ليس سوى نتيجة إنحراف توتاليتاري يرقى إلى عدّة عقود، دون أن يعي المواطنون ذلك بسبب غياب الإعلام البناء.

لقد حاولتُ إعلام وزارة المال عبر الهيئات الرسميّة المختّصة.

فلفتّ في البداية إنتباه "الإدارة العامّة للتفتيش الضرائبيّ"، في 19 يناير 1998، حول مسألة إختفاء تعويضات حرب الخليج الأولى عام 1991، والتي حوّلتها إلى فرنسا دولة الكويت والإمارات العربيّة المتّحدة والمملكة العربيّة السعوديّة ـ فمبلغ المال الذي جرى أخفاؤه يقدّر بقيمة 3.5 مليار دولار في ذلك الوقت ـ

فبعد إعلامي رسميّا، وفي منزلي بالذات، من قبل ضابط رفيع المستوى وبحضور مفتّش في مديريّة الضرائب، أن لا وجود لهكذا مبالغ في حسابات وزارة الدفاع، تقدّمت في 29 يناير 2001 بطلب رسميّ مطالبا بمكافأة المنبّه وفقا لأحكام القانون.

أشير هنا أنّني أوضحت في كتاب وجّهته إلى "بيار موسكوفيشي" (Pierre Moscovici). في 29 يناير 2014، ما يلي:

تمنّيت أن تخصّص مكافأة المنبّه المطلوبة، لإنشاء "مؤسسة فرقة داغات" (Fondation Division Daguet) بهدف تنظيم دورات للجنود الذين ما زالوا يعانون من عواقب تلك الحرب أو من المشاكل النفسيّة التي ينوؤون تحتها، خاصّة متلازمة الخليج.

أما المطالبة بهكذا تعويض فهي تسمح بتفادي سقوط مرور الزمن المحدّد بعشر سنوات على هذه القضيّة.

وحالما توفّرت لديّ كلّ المستندات الضروريّة، طلبت من جميع وزراء المال الذين تعاقبوا على هذه الوزارة، إعلامي بنتائج التحقيقات حول هذا الموضوع. ففي جواب موجّه إلى "الإتّحاد الوطنيّ لضبّاط الصفّ المتقاعدين"، أعلنت وزيرة المال "كريستين لاغارد" ووزير الدفاع "هرفي موران" أن لاوجود

إطلاقا لأموال لها علاقة بحرب الخليج عام 1991.

غير أنّ هذه الأجوبة الرسميّة كانت مقلقة ومشينة للغاية، لأنّ جريدة "نيويورك تايمز" ذكرت في عددها الصادر في الثامن من سبتمبر عام 1992 بأنّ دولة الكويت والإمارات العربيّة المتّحدة والمملكة العربيّة السعوديّة حوّلت 84 مليار دولار مباشرة إلى كلّ من الولايات المتّحدة وبريطايا وفرنسا.

وقد نشرت هذه المعلومات عام 1992 في "التقرير الإقتصادي العربيّ" (Arab Economic Report)، وهو تقرير سنوي يصدر عن "الصندوق الماليّ العربيّ"، ومنظّمة البلدن العربيّة المصدّرة للبترول وبعض المؤسّسات الدوليّة.

ونجد أيضا أثرا لهذه التحويلات الماليّة في حسابات "لجنة التعويضات التابعة للإمم المتّحدة" التي تلزم، حتّى بعد مرور 24 سنة، العراقيّين عل تسديد حسابات تلك الحرب.

من الضروريّ الإطّلاع على قرارات مجلس إدارة هذه اللجنة لمعرفة أسماء المستفيدين من هذه التعويضات. غير أنّنا نعرف أن مبلغ 52.4 مليار دولار دفعت كتعويضات عن الأضرار المدنيّة والعسكريّة لدول التحالف، ولبلدان اخرى أو لشركات، وأنّ بلادنا كانت طبعا من بين المستفيدين منها نظرا لالتزامها العسكريّ.

ولكن إذا كان هناك من تسديد ما، هذا يعني إخراج أموال من الصندوق العام، وبالتالي، تحصيلها من قبل المستفيدين أو أصحاب العلاقة.

وبما أنّ السلطات الفرنسيّة تتنكّر رسميًا أنّها قبضت أموالا بهذا الشأن، فهذا مؤشّر واضح على اختلاس هذه الأموال.

كلّ هذه المعلومات متوفرة وبوضوح جليّ على شبكة الإنترنت، وبنوع خاصّ على موقع "التحذير الأخلاقي" (Alerte éthique)، وأنّ الشائعات والهواجس تتناقلها الألسن في وحدات القوّات المسلّحة، وفي المطاعم العسكريّة، وفي مختلف الهيئات التابعة لوزارة الدفاع الوطنيّ. هناك أيضا رسائل مفصّلة وجّهها جنود شاركوا في حرب الخليج في عمليّة "عاصفة الصحراء" بالذات، يطالبون فيها الحكومة بتوضيح هذه القضيّة.

وقد تفاقم هذا الأمر نظرا لإصابة عدد من المشاركين في تلك الحرب بـ"متلازمة الخليج"، وهي مرض عصبيّ خطير لم يُعترف به في بلادنا، بينما اعترفت به كلّ من الولايات المتّحدة وبريطانيا وأوستراليا...

تجدون مرفقا بهذه الرسالة شهادة الجندي "فنسانت فيلموآهالا" أحد قدامى فرقة داغات، وكذلك نسخة عن رسالة وجّهها في 21 يوليو 2015 "آتاما تويغازيال"، أحد قدامى الفوج الثاني في المشاة البحريّة، إلى رئيس الجمهوريّة.

وهناك رسائل عديدة وُجّهت إلى رئيس الحكومة ووزير المال ووزير الدفاع والمجلس الدستوريّ والمدافع عن حقوق الفرنسيّين، متوفّرة كلّها على موقع "التحذير الأخلاقي" .(Alerte éthique)

الوضع خطير للغاية. أرجو تدخّلكم للكشف عن حقيقة هذه القضيّة التي ولا شكّ ستثير غضبكم وامتعاضكم بسبب هذا الانحراف التوتالتاري لدى السلطة السياسيّة منذ بداية عقد التسعينات في القرن الماضي. أرجو أن تطالبوا الوزراء المختصّين وتطرحوا السؤال على الحكومة لمعرفة خفايا هذه القضيّة، وإذا اقتضى الأمر، السعي لتشكيل لجنة تحقيق نيابيّة

لكشف النقاب عن هذه الفضيحة.

فأنا والمحاربون السابقون في فرقة داغات على أتمّ الإستعداد للإجابة على تساؤلاتكم إذا اقتضت الحاجة.

وتفضّلوا بقبول الإحترام.

جان-شارل ديبوك

ولم تمرّ إلاّ أيام قليلة حتى وصلني أوّل جواب من نائب منطقة "الآسون"، السيّد "نيقولا ديبون-آنيون" (-Nicolas Dupont Aignan)، يعلمني بتوجيه سؤال في هذا الشأن إلى الحكومة في الثاني من سبتمبر عام 2015. وهذا نصّه:

السؤال 2015 – 36 – 00108

"النائب نيقولا ديبون-آنيون يلفت انتباه وزير الدفاع إلى الإشاعات غير الرسميّة التي تفيد بأن مبالغ ماليّة تسلّمتها الدولة الفرنسيّة غداة حرب الخليج عام 1991 كتعويض عن الأضرار المدنيّة والعسكريّة لقوّات دول التحالف. وقد تمّ التحقّق أنّ المصارف المركزيّة في دولة الكويت وفي الإمارات العربيّة المتّحدة وفي المملكة العربيّة السعوديّة قد حوّلتها إلى أصحاب العلاقة. غير أنّها لم تسجّل إطلاقا في الموازنة العامّة ولم يستفد منها أي شخص من الوحدات العسكريّة التي شاركت في تلك الحرب، علما أنّ بعض الجنود يعانون من عوارض عصبيّة مؤلمة. لذلك يطلب من الحكومة أن تؤكد هذه الإشاعات أو أن تكذّبها. وإذا كانت صحيحة، فالمطلوب أن تقول لنا في أيّ موازنات عامّة أو خاصّة تمّ إدخالها."

وإليكم نصّ جواب الحكومة:

"لا يملك وزير الدفاع أي دليل أو معلومة تسمح بالقول إنّ فرنسا تسلّمت أموالا من المصارف المركزيّة في الكويت أو الإمارات أو المملكة السعوديّة، لها علاقة بتعويضات الحرب دُفعت إلى دول التحالف التي شاركت في حرب الخليج عام 1991."

وفي الوقت نفسه، أخبرني السيّد "باتريس هاتزال" (Patrick Hetzel) نائب منطقة "الراين السفلى" بأنّه وجّه سؤالا بهذا الشأن أيضا إلى الحكومة، وهذا نصّه:

رقم 88412

"**السيّد <u>باتريس هاتزال</u> يلفت انتباه وزير الدفاع إلى الإشاعات غير الرسميّة التي تفيد بأن مبالغ ماليّة تسلّمتها الدولة الفرنسيّة غداة حرب الخليج عام 1991. وقد كشفت صحيفة "نيويرك تايمز" في عددها الصادر في 8 سبتمبر 1992 أنّ المصارف المركزيّة في دولة الكويت والإمارات العربيّة المتّحدة والمملكة العربيّة السعوديّة قد حوّلت مباشرة 84 مليار دولار إلى دول التحالف. فهو يتمنّى معرفة إذا كانت فرنسا قد تسلّمت شيئا من هذه المبالغ." غير أنّها لم تسجّل إطلاقا في الموازنة العامّة ولم يستفد منها أي شخص من الوحدات العسكريّة التي شاركت في تلك الحرب، علما أنّ بعض الجنود يعانون من عوارض عصبيّة مؤلمة. لذلك يطلب من الحكومة أن تؤكد هذه الإشاعات أو أن تكذّبها. وإذا كانت صحيحة، فالمطلوب أن تقول لنا في أيّ موازنات عامّة أو خاصّة تمّ إدخالها."**

أما الجواب الذي تبلّغه بتاريخ 10 يناير 2016، فهو صورة طبق

الأصل عن جواب الحكومة عن نفس السؤال الذي طرحه النائب "نيقولا ديبون-آنيون"، وهذا نصّه:

"لا يملك وزير الدفاع أي دليل أو معلومة تسمح بالقول إنّ فرنسا تسلّمت أموالا من المصارف المركزيّة في الكويت أو الإمارات أو المملكة السعوديّة، لها علاقة بتعويضات الحرب دُفعت إلى دول التحالف التي شاركت في حرب الخليج عام 1991."

ومن ناحية أخرى، تقدّم نائبان آخران بأسئلة عن هذا الموضوع، ولكن بقيا دون جواب.

السؤال الأوّل رقم 94071 من السيّد فيليب مونييه (Philippe Meunier)، نائب عن حزب الجمهوريّين في منطقة "الرون". وقد نُشر هذا السؤال في الجريدة الرسميّة في 2016/03/15، صفحة 2107.

"النائب فيليب مونييه يلفت انتباه وزير الدفاع حول منح فرنسا مساعدة ماليّة من قبل الكويت عام 1991 في إطار حرب الخليج. ففي بيان وزّع على الصحافة بتارخ 25 فبراير 1991، أشار وزير الخارجيّة الفرنسيّة أنّ أمير الكويت قدّم مليار دولار إلى الحكومة الفرنسيّة مقابل مشاركتها العسكريّة في حرب الخليج. لذلك يطلب من السيّد الوزير معرفة إذا كان هذا المبلغ قد حُوّل فعلا إلى فرنسا، وفي حال الإيجاب، من هي الجهة التي استفادت منه."

السؤال الثاني رقم 94335 من السيّد جان سابستيان فيالات (Jean-Sébastien Vialatte)، نائب عن حزب الجمهوريّين في منطقة "الفار".

"النائب <u>جان سابستيان فيالات</u> يلفت انتباه وزير الدفاع حول تعويضات حرب الخليج عام 1991. في جواب على سؤال خطّي سابق أكّد هذا الوزير عدم امتلاكه لأيّة معلومة أو أيّ دليل يثبت أنّ فرنسا تسلّمت كإحدى دول التحالف، تعويضات عن مشاركتها العسكريّة في حرب الخليج عام 1991، وذلك من قبل المصارف في الكويت والمملكة السعوديّة ودولة الإمارات، كما ذكرت صحيفة نيويورك تايمز بتاريخ 8 سبتمبر 1991. أما تحويل مليار دولار من قبل أمير الكويت إلى فرنسا فقد أكّده في 26 فبراير 1991 وزير الإقتصاد والمال آنذاك السيّد "بيار باراغوفوا". وفيما يتعلّق بالجنود من فرقة "داغات" وعائلاتهم الذين لم يتلقّوا التعويضات الموعود بها بسبب "متلازمة حرب الخليج"، يُطلب إلى وزير الدفاع تشكيل لجنة نيابيّة للتحقيق في مصير مليارات الدولارات المشار إليها."

يمكن الحصول على جواب في محضر سابق:
الثلثاء، 16 فبراير 2016، جلسة الساعة الخامسة بعد الظهر، المحضر رقم 35، محضر لجنة الدفاع الوطني والقوّات المسلّحة

- مداخلة السيّد "جان إيف لو دريان" (Jean-Yves Le Drian)، وزير الدفاع، حول أوضاع إستخدام القوى المسلّحة لدى تدخّلها على التراب الوطني لحماية المواطنين...

(...)

1. سؤال من النائب "ميشال فوازان" (Michel Voisin):
"أثار بعض أعضاء اللجنة وكذلك وسائل الإعلام قضيّة عمليّة "داغات"، مؤكّدين أنّ مليار دولار لم يدخل إلى صندوق وزارة المال أو فقد أثره منذ ذلك الحين. هل لديكم معطيات مفصّلة عن هذا الأمر؟"

(لا جواب. غير أنّ الوزير تحدّث عن أمور أخرى، فقاطعه النائب طارحا عليه السؤال مجدّدا):

ميشال فوازان: "عندما نتصفّح الأرشيف، نجد بيانا صادرا عن وزير الخارجية "رولاند دوما" في عام 1991 يؤكّد فيه أنّ أمير الكويت أعلن أنّ فرنسا ستستفيد من مليار دولار لقاء أضرار الحرب نظرا لمشاركتها العسكريّة في تحرير الكويت."
أجابه الوزير: "هذا الخبر لم يبلّغ أبدا إلى وزارة الدفاع."
"ميشال فوازان": "ألا ينبغي تشكيل لجنة تحقيق برلمانيّة لمعرفة أين ذهب المليار دولار؟"
الوزير: "أشكرك على لفت إنتباهي لهذا الموضوع."

إنّه لأمر مذهل في ظلّ نظام يدّعي الديمقراطية، عندما نرى وزيرا يتنصّل من السؤال بكلمة شكر.

وفي نفس السياق من ردود الفعل، نشير أيضا إلى الجواب السطحي الذي تلقّاه "نيقولا دهويك" (Nicolas Dhuicq) النائب عن منطقة "الأود" على سؤاله رقم 93653:

نصّ السؤال:

"النائب "نيقولا دهويك" يلفت انتباه وزير المال والموازنة العامّة حول منح فرنسا تعويضات عن حرب الخليج عام 1991 والتي قدّمتها الكويت ودول خليجيّة أخرى، وتمثّل عدّة مليارات دولار. فهو يطلب من السيّد الوزير معرفة إذا كان هذا المبلغ قد حُوّل فعلا إلى فرنسا، وفي حال الإيجاب،كيف استخدمت هذه الأموال وأين."

نصّ الجواب:

"لا يملك وزير الدفاع أي دليل أو معلومة تسمح بالقول إنّ فرنسا تسلّمت أموالا من المصارف المركزيّة في الكويت أو الإمارات أو المملكة السعوديّة، لها علاقة بتعويضات الحرب دُفعت إلى دول التحالف التي شاركت في حرب الخليج عام 1991."

هذا الجواب مذهل لا بل يشكل مصدر هواجس رهيبة في ظلّ نظام ديمقراطيّ... فالوزير لم يتكلّم أبدا عن البنوك المركزيّة ويبدو وكأنّه يجهل تماما تقدمة المليار دولار إلى فرنسا من جانب أمير الكويت!

وقد طرح النائب "نيقولا دهويك" نفس السؤال على وزير المال:

سؤال رقم 96040 إلى وزير الدفاع في 24 مايو 2016

"النائب "نيقولا دهويك" يلفت انتباه أمين سرّ الدولة مساعد وزير المال والموازنة العامّة، والمسؤول عن منح فرنسا تعويضات حرب الخليج عام 1991 من قبل الكويت ودول خليجيّة أخرى، والتي تمثّل عدّة مليارات من الدولار. فهو يطالب بمعرفة إذا كان هذا المبلغ قد حُوّل فعلا إلى فرنسا، وفي حال الإيجاب،كيف استخدمت هذه الأموال."

وقد حصل على جواب في 21 يونيو 2016 جاء فيه:

"موضوع السؤال الخطّي رقم 96040 في 24 مايو 2016 هو نفس السؤال رقم 93653 في الأوّل من مارس 2016 وقد أجاب وزير الدفاع في الجريدة الرسميّة بتاريخ 19 أبريل 2016. وقد أشار في جوابه إلى أنّ وزارته لا تملك أيّة معلومة إضافيّة حول هذا الموضوع."

*

هكذا يتبيّن لنا أنّ أجوبة وزيري الدفاع والمال تثبت عدم وصول أيّة مبالغ ماليّة إلى الصندوق الماليّ للوزارة، بينما نجد على موقع مديريّة الإعلام القانونيّ والإداريّ، بيانا بتاريخ 25 فبراير 1991، أي في اليوم الثاني من الهجوم الأرضي على العراق، بيانا يفيد بأنّ الكويت قدّمت إلى فرنسا مساعدة ماليّة:

بيان وزارة الخارجيّة الفرنسيّة في 25 فيراير 1991 حول تقديم مساعدة ماليّة إلى فرنسا.

"في 25 فبراير عام 1991، أعلن أمير الكويت عن منح مليار دولار إلى فرنسا مقابل مساهمتها العسكريّة في الخليج.
لقد أعلم أمير الكويت رئيس الجمهوريّة الفرنسيّة بأئه قرّر منح مبلغ مليار دولار إلى فرنسا مقابل المجهود العسكري الفرنسيّ لتحرير بلاده.
في الوقت الذي يساهم الجنود الفرنسيّون في وضع حدّ للإحتلال الطويل والشرس، تعبّر فرنسا عن امتنانها لهذه المبادرة التضامنيّة. "

وهكذا نستنتج وبدون تردّد أنّ وزارة الخارجيّة الفرنسيّة اعترفت رسميّا بالحوالة الماليّة بقيمة مليار دولار التي قدّمتها الكويت إلى فرنسا، ولكن لم يبرز أيّ أثر لها في حسابات الدولة الفرنسيّة! فأين هو الخطأ؟

*

بعد كلّ هذه المستندات المدهشة، أودّ إضافة رسالة تسلّمتها من السيّد "جان لاسال" (Jean Lasalle)، نائب عن منطقة "البيرينيه"، في 24 مارس 2016، يقول فيها:

99

"إسهاما منّي لكسرجدار الصمت، أوجّه نفس السؤال إلى السيّد جان-إيف لو دريان، وزير الدفاع وأطلب منه تقديم توضيحات حول إختفاء الأموال المشار إليها...
"وحول تشكيل لجنة برلمانيّة، كما عبّرتم عن ذلك، تجدون مرفقا بهذه الرسالة نسخة عن كتاب بتاريخ 9 فبراير 2016 رفعه السيّد "جان-كلود بورجاك" (Jean-Claude Bourjac)، رئيس مكتب السيّد جيرار لارشيه" (Gérard Larcher)، رئيس مجلس الشيوخ، يتضمن نفس المطلب.
"وبدوري سأقوم بمبادرة مماثلة لتشكيل لجنة تحقيق برلمانيّة في مجلس النّواب حول اختفاء المليارات العائدة لفرقة داغات."

*

هكذا أخذ هذا الملفّ طريقه إلى مجلس الشيوخ، ولذا أطرح الأسئلة التالية:

من يكذب على الرأي العام السيّد "رولاند دوما"، وزير الخارجيّة عند وقوع هذه الأحداث (وإدارتها)، أم السادة وزراء الدفاع والمال والإقتصاد، والموازنة والجمارك؟

وإن لم يكن كذلك، كما نودّ أن نعتقد، فهل يجب أن نستنتج أنّ هناك مليار دولار إختفى أو جرى اختلاسه قبل وصوله إلى فرنسا؟

في هذا الحال، ماذا فعلت الحكومات الحاليّة والسابقة لاستعادة هذه الأموال في هذه المرحلة الصعبة التي تعاني منها موازنة البلاد عجزا كبيرا؟

الفصل الثاني عشر

المأزق التوتاليتاري في الجمهوريّة الخامسة

يُعتبر اختلاس 3.5 مليار دولار كتعويضات حرب الخليج من قبل **فرانسوا ميتران**،جريمة ضدّ المؤسّسات العامّة، ضدّ الديمقراطيّة، ضدّ القوّات المسلّحة، ضدّ الدفاع الوطنيّ. لم يكن بوسع هذا المسؤول الأوّل على رأس الدولة الإقدام على اقترافها بهذه السهولة، دون علمه واقتناعه بوجود قسم كبير من الطبقة السياسيّة المتحكّمة بأمور البلاد، غارقة برمال الوصوليّة والفساد والذعورة والجبن والخنوع والتجرّد من كلّ القيم النبيلة.

ما العمل عندما تنكشف حقيقة هذه الفضيحة أمام الرأي العام؟

لا بدّ من البحث عن حلول، لأنّ النظام السياسيّ الحاليّ كشف عن عجز يصعب تصوّره.

الأشخاص ليسوا بطبيعتهم أغبياء أو خبثاء بل بنية النظام السياسيّ هي التي سمحت لرئيس الدولة باختلاس المليارات دون عقاب نظرا لانبطاح المؤسّسات المضادّة أمامه. وهنا يكمن بيت القصيد.

لذلك ينبغي الإعتراف بأزمة نظامنا الديمقراطي الذي يعاني من "مأزق بنيويّ" يفرض إصلاحا جذريّا لمؤسّساته.

والحلّ الأفضل يقضي بتحديد "قواعد جديدة للعبة" تسمح بقيام سلطة مضادّة سليمة وقادرة لمجابهة النفوذ الطبيعي للأحزاب السياسيّة التي من شأنها أن تتحوّل إلى بنى ومؤسسات مافياويّة. وهذا ما أريد عرضه في هذا الفصل.

*

عندما اختلس "الوغد" ــ لقب أطلقه الجنرال ديغول على فرانسوا ميتران ــ أموال حرب الخليج، كان يدرك جيّدا، كما كان متأكّدا أنّ أعضاء الطبقة السياسيّة سيلتزمون الصمت خشية على مصالحهم ومراكزهم أو خوفا من التخلّص منهم بـ"الإنتحار"، (عفوا بالنحر)، تماما كما حصل مع "روبرت يولان"، "بيار باراغوفوا"، "فرانسوا دي غروسوفر" و""جان-آدارن هالليار".

أنا أحيّي هؤلاء الأشخاص وأثني على كرامتهم وعنفوانهم لأنّهم دفعوا غاليا ثمن معارضتهم للفساد، خاصّة كما فعل "بيار بيريغوفوا" في الثامن من أبربل 1992، عبر خطابه الشهير الذي ألقاه في مجلس النوّاب الفرنسيّ. وقد جاء فيه:

"أريد أن أكون أكثر وضوحا. أي أريد نزع القناع عن الفساد. لذلك طلبت من وزير العدل أن يسلّط سيف العدالة والعقاب على المذنبين والجناة.

"إنّ كلّ الإجراءات والقواعد القانونيّة المتّبعة في التقاضي والمحاكمة ستنفذ حالما يُكشف عن أعمال إحتياليّة بهدف الإثراء الشخصيّ.

"أتمنّى أن يقوم القضاء بعمليّة التطهير والإصلاح بحزم وسرعة. فوزير العدل سيشرف على عمل الإدّعاء العام. كذلك ستأخذ دوائر وزارة العدل كلّ الإجراءات لتسهيل وتسريع متطلّبات التحقيقات، وذلك في إطار احترام قرارات القضاة.

"إذا كان هناك حتّى الآن تماهل أو تباطؤ في دراسة ملفّات قضائيّة معيّنة، فكونوا على ثقة أنّ الإهتمام بها سيسرّع من الآن فصاعدا. علينا بانقاذ بلدنا من الفساد، ولكن علينا أيضا الوقاية منه (...). فأمامي هنا لائحة طويلة بأسماء الشخصيّات المعنيّة بذلك وأستطيع الكشف عنها إذا اقتضى الأمر."

ولكن سرعان ما وُجد "بيار باراغوفوا"، "منتحرا"، (عفوا منحورا) في الأوّل من مايو (أيّار) 1993، بعد أن صمد سنة واحدة في وجه الفساد. ومنذ

102

رحيله عن هذا العالم لم يتحسّن الوضع إطلاقا، كما كشفت مختلف الفضائح السياسيّة الماليّة التي توالت الواحدة بعد الأخرى.

فقد الرأي العام الثقة تماما بالسياسيّين وبطريقة تسيّير نظامنا الديمقراطي. فالمواطنون أصبحوا مستعدّين لرمي أنفسهم في أحضان اليمين المتطرّف وكأنّ نقص الروح الوطنيّة هي التي تسبّبت في انهيار الحسّ الوطنيّ لدى نوّاب الأمّة.

إذا كانت الأمور في فرنسا تسير بشكل سيىء، فذلك لا يعود إلى نقص في الروح الوطنيّة، بل لأنّ الأسس الرئيسيّة لمؤسّساتنا وُضعت بشكل غير طبيعيّ... لذلك ينبغي إصلاحها وتحسينها. فلا بدّ من تغييرها وتجديدها وإعادة بناء نظمنا الديمقراطيّة.

لماذا إذا لا نضع نظاما يقوم على الإختيار بالقرعة؟

في كلّ الأنظمة الديمقراطيّة، قليلون هم المواطنون الذين يطالبون باختيار قسم من ممثلي الشعب بالقرعة. كما يبدو هذا الإقتراح للكثيرين بأنّه ذو طابع ثوريّ.

ولكنّنا اعتدنا اختيار ممثلينا في مختلف مؤسّسات الجمهوريّة بواسطة الإقتراع السرّي، باعتبار الإختيار بالقرعة غير معقول ومخيف للغاية.

غير أنّ هذا النوع من الإقتراع من قبل المواطنين أمر مشروع في الهيئات القضائيّة، التي كانت مؤهلة للقضاء عاى متّهم ما عندما كانت المقصلة الوسيلة الأكثر راديكاليّة بيد العدالة.

هذا الأمر لا يتعلّق بإدارة مجلس بلديّ أو منطقة جغرافيّة أو دولة، بل، وبكلّ بساطة، بقتل إنسان حُكم عليه كمجرم، وذلك عبر المخاطرة باقتراف أمر لا يمكن الرجوع عنه، خاصّة إذا حكم بالموت على إنسان بريء.

أما عندما يتمّ الإختيار بالقرعة لأشخاص سيصوّتون على القوانين، فستكون هذه العمليّة على الأقل عرضة للنقض، كما يمكن الرجوع عنها وإلغاؤها في حال التحقّق من ضررها أو عدم فائدتها. وهنا يبرز الفرق الكبير مع الحكم على الناس بالموت شنقا أو بواسطة المقصلة.

إنّ الإختيار بالقرعة لممثلي الشعب من شأنه أن يؤدي إلى تطرّف ديماغوجي. ولكن لا بدّ من النظر والإستنتاج أنّ نظاما ديمقراطيّا من شأنه أن يتحوّل أيضا إلى دولة توتاليتاريّة، كما حصل مع وصول "أدولف هتلر" إلى الحكم في مارس 1933.

فنحن في فرنسا في هذه الحالة وإن بشكل مختلف وإن يكن أقلّ بروزا.

*

ذكرت سابقا أدّنا نعيش اليوم في ظلّ نظام "توتاليتاري مافيوي"، وهو نوع من التوتاليتاريّة الأكثر زيّفا والأقلّ بروزا من الشيوعيّة أو النازيّة، ولكنّها مدمّرة للحرّيات على المدى البعيد.

إنّ الحل الأفضل لضمان المواطنين وإنقاذهم من كلّ انحراف توتاليتاري، يكمن في وجود نظامين، الإقتراع الكلاسيكي في صناديق الإنتخاب والإختيار بالقرعة، ويمكن لهما التعايش معا، ومراقبة كلّ واحد للآخر.

هكذا يمكننا أن نتصوّر مواصلة إنتخاب ممثليّ الشعب في مجلس النوّاب عبر الإنتخابات العاديّة المتعارف عليها، وبالمقابل يجري اختيار مجلس الشيوخ بالقرعة.

وبنفس الطريقة ينبغي أن تنمو المناطق الإقليمية وتصل إلى إدارة ذاتيّة عندما يبلغ عدد سكّانها إلعشرة ملايين نسمة. فيتمّ انتخاب مجلس لإدارتها، نصفه بالإنتخاب السرّي العاديّ والنصف الآخر بالقرعة.

عندئذ تستطيع كلّ منطقة أن تشكّل قوّة ذات قدرة شبيهة بدولة مثل فنلندا، أو السويد، أو النروج، أو إرلندا، أو سويسرا، أو البرتغال، أو اليونان.

*

هذا الطرح يحتاج إلى دراسة أعمق تحاشيا لكل الإنحرافات، ولا شيء مستحيل عندما تصفو النوايا ويلتزم الجميع بخدمة الخير العام والحفاظ على كرامة المواطن.

خاتمة

هذه الطبعة الرابعة من كتاب " **المليارات المفقودة العائدة لفرقة داغات**" بعد تنقيحها وإضافة جديد السنة المنصرمة عليها.

ما زال الجنود الفرنسيّون الذين شاركوا في حرب الخليج يطالبون وزير المال ووزير الدفاع، ورئيس الحكومة، ورئيس الجمهوريّة، والمجلس الدستوري، والمدافع عن حقوق المواطنين، بالكشف عن اختفاء "المليارات العائدة لفرقة داغات".

كل الهيئات الموجّهة إليها هذه الرسائل تحوّل الملفّ إلى وزير الدفاع الذي يلتزم بالصمت، بينما الإشاعات تنتشر في صفوف القوّات المسلّحة وقيادة الأركان.

نحن سائرون نحو أزمة سياسيّة خطيرة ستنفجر آجلا أم عاجلا وستكشف عن ضرورة تحسين مؤسّساتنا السياسيّة والإداريّة.

سنواجه حتميّة إعادة النظر بشكل أساسيّ ببنية النظام. وهذا الأمر لن يستهدف بلدنا فقط، لأنّ الفضيحة قد تأخذ بعدا أكبر نظرا لترابط المصالح بين الدول والقارات.

والحلّ الأمثل يكمن في العودة إلى نظام يقوم على أسس سليمة تضمن ديمقراطيّة أفضل، وحريّة أكثر، ومسؤوليّة تُلقى على عاتق المواطنين كي يراقبوا عن قرب ويسهروا على أعمال المسؤولين السياسيّين.

لذا أعتقد أن اختيار أعضاء مجلس الشيوخ في فرنسا بالقرعة يشكّل الوسيلة الأفضل لتحقيق ذلك.

1. موقع « Euroclippers »
http://euroclippers.typepad.fr
أكتوبر 2006

2. موقع « Alerte éthique »
http://euroclippers.typepad.fr/alerte_ethique/
يونيو 2009

موقع « Alerte-éthique.fr »
http://www.alerte-ethique.fr/
مايو 2014

3. موقع Association AVIGLOFE
http://www.avigolfe.com/

4. قضيّة Basano/Ferrayé
http://euroclippers.typepad.fr/alerte_ethique/affaire-
basanoferray%C3%A9/

5. « Opération Juliette-Siéra »
هذه القصّة متوفّرة على موقع
I- » المعروف بـ » « L'Incroyable Ignoble Infrequentable »
Cube » :
http://infreequentable.blogspot.fr/2010/05/operation-
juliette-siera.html

6. « Mains invisibles »
هذه القصّة متوفّرة على موقع
I- » المعروف بـ » « L'Incroyable Ignoble Infrequentable »
Cube » :
http://infreequentable.over-blog.com/article-mains-
invisibles-1-12872254.html